# ÉDITORIAL

**JUILLET 2024**

**Sylvain Gasser**
prêtre assomptionniste

# Le silence de la montagne

Il y aura du sport, cet été ! Sur les stac
conversations. Et si nous en profitions
de marche et prendre de la hauteur ? Vu
semble toujours écrasante, dominatrice
pas à l'homme. Elle s'offre au défi de l'escalade ou de la randonnée, tel un stade à ciel ouvert : « Venez ! montons à la montagne du Seigneur » (Is 2, 3). La fulgurance de la cime fait oublier la fatigue de l'ascension. Ce qui se livre tout en haut est paradoxalement de l'ordre de l'intimité. Le sommet n'est pas le lieu du bruit et de la foule, mais de la présence personnelle. Ce n'est pas un hasard si des monastères se sont installés dans les hauteurs. Mais la montagne mère demeure le Sinaï, tel qu'il nous en est parlé dans les récits de Moïse et d'Élie. Convoqué au Sinaï pour y recevoir la Loi fondamentale, l'homme vit l'expérience d'un Dieu qui n'est ni dans le tapage ni dans la fureur mais dans « le bruissement d'un souffle ténu », dans « un son de fin silence ». La parole du mystère s'accueille au bout du sentier de l'écoute. Bonne marche ! ■

*« Venez ! montons à la montagne du Seigneur » (Is 2, 3).*

## Prier avec le Saint-Père

### Intention universelle du mois de juillet 2024

Prions pour que le sacrement
de l'onction des malades donne
aux personnes qui le reçoivent,
ainsi qu'à leurs proches, la force du Seigneur,
et qu'il soit de plus en plus pour tous
un signe visible de compassion et d'espérance.

---

Pour vous aider à prier :
**www.prieraucoeurdumonde.net**

# SAINTS ET SAINTES DU MOIS DE JUILLET 2024

**Xavier Lecœur**, journaliste et historien

*Chaque jour, l'Église fête plusieurs saints et bienheureux : ceux du calendrier romain, ceux des calendriers diocésains et ceux du calendrier des Églises orientales. Tous les mois,* Prions en Église *vous propose d'en découvrir quelques-uns.*

## 1er juillet

**St Thierry**

(Ve-VIe siècles)

Sur le conseil de saint Remi, il fonda le monastère du Mont-d'Or (Marne) qui prit ensuite le nom d'abbaye de Saint-Thierry.

## 2 juillet

**Bse Eugénie Joubert**

(1876-1904)

Durant sa courte vie, cette sœur de la Sainte-Famille du Sacré-Cœur s'avéra une catéchiste modèle. Béatifiée il y a trente ans, en 1994.

## 3 juillet

**St Héliodore**

(IVe siècle)

Disciple de saint Jérôme qu'il suivit en Terre sainte, il fut ensuite nommé évêque d'Altinum (ancienne ville romaine de Vénétie).

## 4 juillet

**Ste Élisabeth de Portugal**

(1271-1336)

Épouse du roi Denis de Portugal et mère de famille exemplaire, elle œuvra pour la paix et fut une vraie amie des pauvres.

## 5 juillet

**Bx Élie de Bourdeilles**

(1423-1484)

Ce franciscain devint évêque de Périgueux, puis archevêque de Tours. Il défendit la liberté de l'Église et travailla à la réhabilitation de Jeanne d'Arc.

## 6 juillet

**St Goar**

(VIe siècle)

Originaire d'Aquitaine, cet ermite vécut saintement sur les bords du Rhin. Il conseillait spirituellement ceux qui venaient le voir et soignait les malades.

## 7 juillet

**Bse Maria Romero Meneses**

(1902-1977)

« Être un instrument de la bonté miséricordieuse

de Dieu », tel était le désir de cette religieuse salésienne de Don Bosco qui dédia sa vie aux pauvres du Costa Rica. Béatifiée en 2002.

**8 juillet**

**Bx Pierre Vigne**
(1670-1740)
Il y a vingt ans, en 2004, le pape saint Jean-Paul II béatifiait ce prêtre ardéchois, missionnaire des campagnes et fondateur des Sœurs du Saint-Sacrement de Valence.

**9 juillet**

**Ste Véronique Giuliani**
(1660-1727)
Clarisse et mystique italienne. Durant trente ans, elle porta sur elle les stigmates de la passion du Christ.

**10 juillet**

**Bx Pacifique**
(1158-1234)
Troubadour attaché à la cour de l'empereur Frédéric II, il fut converti par saint François d'Assise, qui lui confia la mission d'aller implanter l'ordre des Frères mineurs en France.

**11 juillet**

**St Benoît de Nursie**
(vers 480-547)
Il y a soixante ans, en 1964, le fondateur de l'ordre des Bénédictins était proclamé patron de l'Europe par saint Paul VI.

**12 juillet**

**Sts Louis et Zélie Martin**
(XIXe siècle)
Les parents de sainte Thérèse de l'Enfant-Jésus ont été canonisés ensemble, en 2015, pour s'être sanctifiés « à travers, dans et par le mariage » (cardinal José Saraiva Martins).

**13 juillet**

**St Henri**
(973-1024)
Il y a tout juste mille ans mourait Henri II, empereur du Saint Empire romain, mari de sainte Cunégonde et serviteur dévoué de l'Église.

**14 juillet**

**Bx Gaspard de Bono**
(1530-1604)
Ancien soldat de l'armée de Charles Quint, cet Espagnol se sentit appelé, à 30 ans, à entrer chez les religieux Minimes. Réputé pour sa piété et sa charité.

**15 juillet**

**St Bonaventure**
(1221-1274)
« Plus on prend les aliments spirituels, plus on les désire », affirmait ce grand théologien franciscain.

Docteur de l'Église, surnommé « le docteur séraphique ».

**16 juillet**
**St Barthélemy des Martyrs**
(1514-1590)
Dominicain portugais, évêque de Braga (Portugal), très dévoué à son peuple et à l'Église. Un des saints patrons des JMJ de Lisbonne en 2023.

**17 juillet**
**Ste Hedwige de Pologne**
(1374-1399)
Placée à la tête de la Pologne, cette jeune princesse cultivée épousa Ladislas II Jagellon, grand-duc de Lituanie. Elle l'exhorta à se convertir et à évangéliser sa nation. Canonisée en 1997.

**18 juillet**
**Bx Gabriel Longueville**
(1931-1976)
Parti en Argentine, ce prêtre français fut assassiné sous la dictature militaire, alors qu'il était le curé de Chamical, une paroisse rurale pauvre. Béatifié en 2019.

**19 juillet**
**Ste Macrine la Jeune**
(vers 327-379)
Sœur aînée des saints Basile de Césarée, Grégoire de Nysse et Pierre de Sébaste, elle exerça, par sa vie de prière et de contemplation, une forte influence sur ses frères.

**20 juillet**
**St Apollinaire**
(IIe siècle)
Premier évêque de Ravenne (Italie), où deux superbes basiliques portent son nom.

**21 juillet**
**St Arbogast**
(VIIe siècle)
D'abord ermite dans une forêt alsacienne, il fut choisi par le roi Dagobert II, qui connaissait ses vertus, comme évêque de Strasbourg. Il fit édifier la première cathédrale de la ville.

**22 juillet**
**Ste Marie Madeleine**
(Ier siècle)
Premier témoin de la Résurrection au matin de Pâques, elle courut annoncer l'extraordinaire nouvelle aux disciples, ce qui lui a valu d'être appelée « l'apôtre des Apôtres ».

**23 juillet**
**Ste Brigitte de Suède**
(vers 1303-1373)
Il y a vingt-cinq ans, en 1999, la fondatrice

de l'ordre du Saint-Sauveur était proclamée copatronne de l'Europe, avec sainte Catherine de Sienne et sainte Edith Stein.

**24 juillet**
**St Charbel Makhlouf**
(1828-1898)
« Faites que toute votre vie soit prière et service », recommandait ce moine, prêtre et ermite libanais, très cher au cœur des chrétiens maronites. Canonisé en 1977.

**25 juillet**
**Bx Jean Soreth**
(1394-1471)
Natif de Caen, il fut, pendant vingt ans, le supérieur général de l'ordre du Carmel, qu'il chercha à réformer et à ramener à une vie religieuse plus fervente.

**26 juillet**
**St Georges Preca**
(1880-1962)
Premier saint maltais, canonisé en 2007 par Benoît XVI. Il se voua à l'évangélisation par la prédication et par l'écriture de nombreux livres.

**27 juillet**
**Bx Raimond Palmerio**
(1140-1200)
Ayant eu le malheur de perdre femme et enfants, ce cordonnier de Plaisance (Italie) partit en pèlerinage. À son retour, il se mit au service de tous les laissés-pour-compte.

**28 juillet**
**Bx Stanley Rother**
*(lire page 181)*

**29 juillet**
**St Loup de Troyes**
(vers 393-478)
L'un des grands prélats de son temps. D'abord moine à l'abbaye de Lérins, il fut ensuite nommé évêque de Troyes (Aube) et le resta durant plus d'un demi-siècle !

**30 juillet**
**St Léopold Mandic**
(1866-1942)
Tel un nouveau curé d'Ars, ce prêtre capucin s'adonna intensément au ministère de la confession, dans son couvent de Padoue. Canonisé en 1983.

**31 juillet**
**St Ignace de Loyola**
(1491-1556)
« L'homme est créé pour louer, respecter et servir Dieu notre Seigneur et, par là, sauver son âme » : ainsi débutent les *Exercices spirituels*, composés par le fondateur des Jésuites.

# Prions avec les textes de la messe

## DU 1ER AU 31 JUILLET 2024

# *Partagez vos intentions de prière*

Envoyez vos intentions de prière à :
*Prions en Église*, Intentions de prière, 18 rue Barbès, 92128 Montrouge Cedex.
**Elles seront portées à Lourdes par l'équipe de *Prions en Église* qui participera au Pèlerinage national, du 12 au 16 août 2024.**

# LUNDI 1ER JUILLET 2024

**13E SEMAINE DU TEMPS ORDINAIRE** COULEUR LITURGIQUE : VERT



**Temps ordinaire,** *suggestion d'oraisons et d'antiennes n° 12*

### *Antienne d'ouverture*

**Le Seigneur est la force de son peuple,**
**le refuge et le salut de son messie. Sauve ton peuple, Seigneur,**
**bénis ton héritage, et conduis-le à jamais.** (cf. Ps 27, 8-9)

### *Prière*

Fais-nous vivre à tout moment, Seigneur, dans l'amour et le respect de ton saint nom, toi qui ne cesses jamais de guider ceux que tu enracines solidement dans ta charité. Par Jésus… ***— Amen.***

## *Lecture*

du livre du prophète Amos (2, 6-10.13-16)

*« Ils écrasent la tête des faibles dans la poussière »*

**Ainsi parle le Seigneur : À cause de trois crimes d'Israël, et même de quatre, je l'ai décidé sans retour ! Ils vendent le juste pour de l'argent, le malheureux pour une paire de sandales. Ils écrasent la tête des faibles dans la poussière, aux humbles ils ferment la route. Le fils et le père vont vers la même fille et profanent ainsi mon saint nom. Auprès des autels, ils se couchent sur les vêtements qu'ils ont pris en gage. Dans la maison de leur Dieu, ils boivent le vin de ceux qu'ils ont frappés d'amende. Moi,**

pourtant, j'avais détruit devant eux l'Amorite, dont la stature égalait celle des cèdres et la vigueur, celle des chênes ! Je l'avais anéanti de haut en bas, depuis les fruits jusqu'aux racines. Moi, je vous avais fait monter du pays d'Égypte et je vous avais, pendant quarante ans, conduits à travers le désert, pour vous donner en héritage le pays de l'Amorite. Eh bien, moi, maintenant, je vous écraserai sur place, comme un char plein de gerbes écrase tout sur son passage. L'homme le plus rapide ne pourra pas fuir, le plus fort ne pourra pas montrer sa vigueur, même le héros ne sauvera pas sa vie. L'archer ne tiendra pas, le coureur n'échappera pas, le cavalier ne sauvera pas sa vie. Le plus brave s'enfuira tout nu, ce jour-là, – oracle du Seigneur.

– Parole du Seigneur.

## *Psaume* 49 (50)

℟ ***Comprenez donc, vous qui oubliez Dieu !***

« Qu'as-tu à réciter mes lois,
à garder mon alliance à la bouche,
toi qui n'aimes pas les reproches
et rejettes loin de toi mes paroles ? ℟

« Si tu vois un voleur, tu fraternises,
tu es chez toi parmi les adultères ;
tu livres ta bouche au mal,
ta langue trame des mensonges. ℟

« Tu t'assieds, tu diffames ton frère,
tu flétris le fils de ta mère.
Voilà ce que tu fais ;
garderai-je le silence ? ℟

« Penses-tu que je suis comme toi ?
Je mets cela sous tes yeux, et je t'accuse.
Comprenez donc, vous qui oubliez Dieu :
sinon je frappe, et pas de recours ! ℟

« Qui offre le sacrifice d'action de grâce,
celui-là me rend gloire :
sur le chemin qu'il aura pris,
je lui ferai voir le salut de Dieu. » ℟

*Acclamation de l'Évangile*

***Alléluia. Alléluia.*** Aujourd'hui, ne fermez pas votre cœur, mais écoutez la voix du Seigneur. ***Alléluia.***

## *Évangile de Jésus Christ*

selon saint Matthieu (8, 18-22)

*« Suis-moi »*

**En ce temps-là, Jésus, voyant une foule autour de lui, donna l'ordre de partir vers l'autre rive. Un scribe s'approcha et lui dit : « Maître, je te suivrai partout où tu iras. » Mais Jésus lui déclara : « Les renards ont des terriers, les oiseaux du ciel ont des nids ; mais le Fils de l'homme n'a pas d'endroit où reposer la tête. » Un autre de ses disciples lui dit : « Seigneur, permets-moi d'aller d'abord enterrer mon père. » Jésus lui dit : « Suis-moi, et laisse les morts enterrer leurs morts. »**

***Prière sur les offrandes***

Accueille, Seigneur, le sacrifice de louange et de paix ; accorde-nous d'être purifiés par son action et de t'offrir un cœur qui te plaise. Par le Christ, notre Seigneur. — ***Amen.***

## *Antienne de la communion*

Les yeux sur toi, tous, ils espèrent, Seigneur : tu leur donnes la nourriture au temps voulu. (Ps 144, 15)

*OU*

Je suis le bon pasteur,
et je donne ma vie pour mes brebis,
dit le Seigneur. (Jn 10, 11.15)

## *Prière après la communion*

Nourris et renouvelés par le corps sacré et le sang précieux de ton Fils, nous implorons ta bonté, Seigneur : fais que, sûrs de la rédemption, nous possédions ce que nous aimons célébrer avec ferveur. Par le Christ, notre Seigneur. ***— Amen.***

## INVITATION

« Je te suivrai partout où tu iras », dit le scribe à Jésus.
En juillet, quels sont les lieux où Jésus me précède ?

## COMMENTAIRE

### Unifier sa vie

Psaume 49 (50)

**« Qu'as-tu à réciter mes lois, [...] toi qui [...] rejettes loin de toi mes paroles ? » Ce propos que le psalmiste met dans la bouche de Dieu fait état d'une dissociation de la personne assez communément partagée. Nous pouvons en effet nous réclamer de Dieu avec conviction et vivre fort éloigné de ce qu'il désire dans le concret : le respect de l'autre dans nos paroles et notre agir. Une invitation à nous unifier, à être attentifs à la cohérence entre notre foi et notre façon d'être ! ■**

***Emmanuelle Billoteau****, ermite*

# MARDI 2 JUILLET 2024

13E SEMAINE DU TEMPS ORDINAIRE COULEUR LITURGIQUE : VERT

**Temps ordinaire,** *suggestion d'oraisons et d'antiennes n° 13*

*Antienne d'ouverture*

**Tous les peuples, battez des mains,**
**acclamez Dieu par vos cris de joie !** (Ps 46, 2)

*Prière*

Tu as voulu, Seigneur Dieu, que par la grâce de l'adoption filiale, nous devenions des enfants de lumière ; ne permets pas que nous soyons enveloppés des ténèbres de l'erreur, mais accorde-nous d'être toujours rayonnants dans la splendeur de ta vérité. Par Jésus… ***— Amen.***

## Lecture

du livre du prophète Amos (3, 1-8 ; 4, 11-12)

*« Quand le Seigneur Dieu a parlé, qui refuserait d'être prophète ! »*

**Écoutez cette parole que le Seigneur prononce contre vous, fils d'Israël, contre tout le peuple qu'il a fait monter du pays d'Égypte : « Je vous ai distingués, vous seuls, parmi tous les peuples de la terre ; aussi je vous demanderai compte de tous vos crimes. » Deux hommes font-ils route ensemble sans s'être mis d'accord ? Est-ce que le lion rugit dans la forêt sans avoir de proie ? Le lionceau va-t-il crier du fond de sa tanière sans avoir rien pris ? L'oiseau tombe-t-il dans le filet posé à terre sans y**

être attiré par un appât ? Le piège se relève-t-il du sol sans avoir rien attrapé ? Va-t-on sonner du cor dans une ville sans que le peuple tremble ? Un malheur arrive-t-il dans une ville sans qu'il soit l'œuvre du Seigneur ? – Car le Seigneur Dieu ne fait rien sans en révéler le secret à ses serviteurs les prophètes. Quand le lion a rugi, qui peut échapper à la peur ? Quand le Seigneur Dieu a parlé, qui refuserait d'être prophète ? « J'ai tout détruit chez vous, comme Dieu a détruit Sodome et Gomorrhe ; vous étiez comme un tison sauvé de l'incendie. Et vous n'êtes pas revenus à moi ! – oracle du Seigneur. C'est pourquoi, voici comment je vais te traiter, Israël ! Et puisque c'est ainsi que je vais te traiter, prépare-toi, Israël, à rencontrer ton Dieu. »
– Parole du Seigneur.

## *Psaume* 5

℟ ***Seigneur, que ta justice me conduise.***

Tu n'es pas un Dieu ami du mal,
chez toi, le méchant n'est pas reçu.
Non, l'insensé ne tient pas
devant ton regard. ℟

Tu détestes tous les malfaisants,
tu extermines les menteurs ;
l'homme de ruse et de sang,
le Seigneur le hait. ℟

Pour moi, grâce à ton amour,
j'accède à ta maison ;
vers ton temple saint, je me prosterne,
saisi de crainte. ℟

### *Acclamation de l'Évangile*

***Alléluia. Alléluia.*** J'espère le Seigneur, et j'attends sa parole. ***Alléluia.***

## Évangile de Jésus Christ
selon saint Matthieu (8, 23-27)

*« Jésus, debout, menaça les vents et la mer, et il se fit un grand calme »*

**En ce temps-là, comme Jésus montait dans la barque, ses disciples le suivirent. Et voici que la mer devint tellement agitée que la barque était recouverte par les vagues. Mais lui dormait. Les disciples s'approchèrent et le réveillèrent en disant : « Seigneur, sauve-nous ! Nous sommes perdus. » Mais il leur dit : « Pourquoi êtes-vous si craintifs, hommes de peu de foi ? » Alors, Jésus, debout, menaça les vents et la mer, et il se fit un grand calme. Les gens furent saisis d'étonnement et disaient : « Quel est donc celui-ci, pour que même les vents et la mer lui obéissent ? »**

### *Prière sur les offrandes*
Seigneur Dieu, dans ta bonté, tu donnes à tes mystères de produire leurs effets ; nous t'en prions : que notre liturgie soit accordée à la sainteté de ces dons. Par le Christ, notre Seigneur. — ***Amen.***

### *Antienne de la communion*
Bénis le Seigneur,
ô mon âme,
bénis son nom très saint,
tout mon être !
(Ps 102, 1)

*OU*

Père, je te prie pour eux :
qu'ils soient un en nous, eux aussi,
pour que le monde croie
que tu m'as envoyé, dit le Seigneur.
(cf. Jn 17, 20-21)

### *Prière après la communion*

Nous t'en prions, Seigneur, donne-nous d'être vivifiés par le sacrifice divin que nous avons offert et reçu en communion ; ainsi, reliés à toi par une charité qui ne passera jamais, nous porterons un fruit qui demeure pour toujours. Par le Christ, notre Seigneur.
***— Amen.***

## INVITATION

Quelles sont les tempêtes de ma vie que je peux demander au Christ d'apaiser ?

## COMMENTAIRE

### Le sens de la confiance

Psaume 5

**Le psalmiste confesse que Dieu n'est pas « ami du mal », d'où sa confiance. N'est-ce pas elle qui fonde sa prière et sa certitude d'être entendu ? Quel sens aurait-elle autrement, sans cette conviction qu'il peut « comprendre » toutes plaintes ? La manière dont il s'adresse au Seigneur manifeste une réelle tendresse : « Ô mon roi et mon Dieu » (Ps 5, 3). L'adjectif possessif renvoie à l'Alliance, à cette conscience d'une appartenance mutuelle que célèbre, entre autres, le Cantique des cantiques. ■**

***Emmanuelle Billoteau,*** *ermite*

# MERCREDI 3 JUILLET 2024

COULEUR LITURGIQUE : ROUGE



**Saint Thomas**

*Ier siècle. L'un des douze Apôtres. Devant l'annonce de la résurrection de Jésus, il se montra d'abord incrédule, puis exprima sa foi en disant : « Mon Seigneur et mon Dieu ! » (Jn 20, 28).*

## *Antienne d'ouverture*

**Tu es mon Dieu, je te rends grâce, mon Dieu, je t'exalte !**
**Je te rends grâce, car tu es pour moi le salut.**
(cf. Ps 117, 28.21)

## *Gloire à Dieu* (p. 198)

## *Prière*

Accorde-nous, Dieu tout-puissant, de célébrer avec fierté le bienheureux apôtre Thomas, afin que, toujours soutenus par sa protection, nous ayons la vie en mettant notre foi dans le nom de celui que l'apôtre a reconnu comme Seigneur : Jésus Christ, ton Fils. Lui qui… ***— Amen.***

*Lectures propres à la fête de saint Thomas.*

## *Lecture*

de la lettre de saint Paul apôtre aux Éphésiens (2, 19-22)

*« Intégrés dans la construction qui a pour fondations les Apôtres »*

**Frères, vous n'êtes plus des étrangers ni des gens de passage, vous êtes concitoyens des saints, vous êtes membres de la famille de Dieu, car vous avez été intégrés dans la construction qui a pour fondations**

les Apôtres et les prophètes ; et la pierre angulaire, c'est le Christ Jésus lui-même. En lui, toute la construction s'élève harmonieusement pour devenir un temple saint dans le Seigneur. En lui, vous êtes, vous aussi, les éléments d'une même construction pour devenir une demeure de Dieu par l'Esprit Saint.
– Parole du Seigneur.

## *Psaume* 116 (117)

℟ ***Allez dans le monde entier. Proclamez l'Évangile.***
*OU* ***Alléluia !***

Louez le Seigneur,
tous les peuples ;
fêtez-le, tous les pays ! ℟

Son amour envers nous
s'est montré le plus fort ;
éternelle est la fidélité du Seigneur ! ℟

### *Acclamation de l'Évangile*

***Alléluia. Alléluia.*** Thomas, parce que tu m'as vu, tu crois, dit le Seigneur. Heureux ceux qui croient sans avoir vu ! ***Alléluia.***

## *Évangile de Jésus Christ*

selon saint Jean (20, 24-29)

*« Mon Seigneur et mon Dieu ! »*

L'un des Douze, Thomas, appelé Didyme (c'est-à-dire Jumeau), n'était pas avec eux quand Jésus était venu. Les autres disciples lui disaient : « Nous avons vu le Seigneur ! » Mais il leur déclara : « Si je ne vois pas

dans ses mains la marque des clous, si je ne mets pas mon doigt dans la marque des clous, si je ne mets pas la main dans son côté, non, je ne croirai pas ! »
Huit jours plus tard, les disciples se trouvaient de nouveau dans la maison, et Thomas était avec eux. Jésus vient, alors que les portes étaient verrouillées, et il était là au milieu d'eux. Il dit : « La paix soit avec vous ! » Puis il dit à Thomas : « Avance ton doigt ici, et vois mes mains ; avance ta main, et mets-la dans mon côté : cesse d'être incrédule, sois croyant. » Alors Thomas lui dit : « Mon Seigneur et mon Dieu ! » Jésus lui dit : « Parce que tu m'as vu, tu crois. Heureux ceux qui croient sans avoir vu. »

## *Prière sur les offrandes*

En te rendant, Seigneur, l'hommage de notre service, nous t'adressons cette prière : entretiens en nous tes dons par le sacrifice de louange que nous t'offrons en ce jour où nous rappelons le témoignage du bienheureux apôtre Thomas. Par le Christ, notre Seigneur. — ***Amen.***

*Préface des Apôtres, p. 205.*

## *Antienne de la communion*

Avance ta main,
touche du doigt l'endroit des clous ;
cesse d'être incrédule,
sois croyant.
(cf. Jn 20, 27)

*Prière après la communion*
Seigneur Dieu, dans ce sacrement, nous avons vraiment reçu le corps de ton Fils unique ; avec l'apôtre Thomas, nous reconnaissons dans la foi qu'il est notre Seigneur et notre Dieu : donne-nous de le proclamer par toute notre vie. Lui qui… — ***Amen.***

## INVITATION

Et si j'écrivais sur un papier « Mon Seigneur et mon Dieu » ?
Je pourrais mettre ce papier dans mon portefeuille.

## COMMENTAIRE

**Les marques de la Passion** Jean 20, 24-29

**L'évangile nous remet dans une ambiance pascale et nous rappelle qu'une rencontre avec le Ressuscité est toujours possible. N'est-ce pas une question de désir et de patience, comme pour Thomas (« huit jours plus tard ») ? Ne s'agit-il pas, pour recevoir la paix qui vient du Christ, d'avancer et de se confronter aux marques de la Passion et à ce qu'elle signifie de notre besoin d'être sauvés ? Un chemin parfois décapant qui seul permet d'accéder au don de la joie parfaite. ■**

***Emmanuelle Billoteau,*** *ermite*

# JEUDI 4 JUILLET 2024

13E SEMAINE DU TEMPS ORDINAIRE COULEUR LITURGIQUE : VERT

**Temps ordinaire,** *suggestion d'oraisons et d'antiennes n° 14*
*ou* **sainte Élisabeth de Portugal**



### *Antienne d'ouverture*

**Dieu, nous accueillons ta miséricorde au milieu de ton temple.**
**Ta louange, comme ton nom, Seigneur Dieu, couvre l'étendue de la terre.**
**Ta main droite est pleine de justice.** (cf. Ps 47, 10-11)

### *Prière*

Seigneur Dieu, par l'abaissement de ton Fils, tu as relevé le monde déchu ; donne à tes fidèles une joie sainte : tu les as tirés de l'esclavage du péché ; fais-leur connaître le bonheur éternel. Par Jésus… — ***Amen.***

## *Lecture*

du livre du prophète Amos (7, 10-17)

*« Va, tu seras prophète pour mon peuple »*

**En ces jours-là, Amazias, le prêtre de Béthel, envoya dire à Jéroboam, roi d'Israël : « Amos prêche la révolte contre toi, en plein royaume d'Israël ; le pays ne peut plus supporter tous ses discours, car voici ce que dit Amos : “Le roi Jéroboam périra par l'épée, et Israël sera déporté loin de sa terre.” » Puis Amazias dit à Amos : « Toi, le voyant, va-t'en d'ici, fuis au pays de Juda ; c'est là-bas que tu pourras gagner ta vie en faisant ton métier de prophète. Mais ici, à Béthel, arrête de prophétiser ; car c'est un sanctuaire**

royal, un temple du royaume. » Amos répondit à Amazias : « Je n'étais pas prophète ni fils de prophète ; j'étais bouvier, et je soignais les sycomores. Mais le Seigneur m'a saisi quand j'étais derrière le troupeau, et c'est lui qui m'a dit : "Va, tu seras prophète pour mon peuple Israël." Écoute maintenant la parole du Seigneur, toi qui me dis : "Ne prophétise pas contre Israël, ne parle pas contre la maison d'Isaac." Eh bien, voici ce que le Seigneur a dit : Ta femme devra se prostituer en pleine ville, tes fils et tes filles tomberont par l'épée, la terre qui t'appartient sera partagée au cordeau, toi, tu mourras sur une terre impure, et Israël sera déporté loin de sa terre. »
– Parole du Seigneur.

## *Psaume* 18B (19)

℟ ***Les décisions du Seigneur sont justes et vraiment équitables.***

La loi du Seigneur est parfaite,
qui redonne vie ;
la charte du Seigneur est sûre,
qui rend sages les simples. ℟

Les préceptes du Seigneur sont droits,
ils réjouissent le cœur ;
le commandement du Seigneur est limpide,
il clarifie le regard. ℟

La crainte qu'il inspire est pure,
elle est là pour toujours ;
les décisions du Seigneur sont justes
et vraiment équitables : ℟

plus désirables que l'or,
qu'une masse d'or fin,
plus savoureuses que le miel
qui coule des rayons. ℟

### *Acclamation de l'Évangile*

***Alléluia. Alléluia.*** Dans le Christ, Dieu réconciliait le monde avec lui : il a mis dans notre bouche la parole de la réconciliation. ***Alléluia.***

## *Évangile de Jésus Christ*

selon saint Matthieu (9, 1-8)

*« Les foules rendirent gloire à Dieu qui a donné un tel pouvoir aux hommes »*

**En ce temps-là, Jésus monta en barque, refit la traversée, et alla dans sa ville de Capharnaüm. Et voici qu'on lui présenta un paralysé, couché sur une civière. Voyant leur foi, Jésus dit au paralysé : « Confiance, mon enfant, tes péchés sont pardonnés. » Et voici que certains parmi les scribes se disaient : « Celui-là blasphème. » Mais Jésus, connaissant leurs pensées, demanda : « Pourquoi avez-vous des pensées mauvaises ? En effet, qu'est-ce qui est le plus facile ? Dire : "Tes péchés sont pardonnés", ou bien dire : "Lève-toi et marche" ? Eh bien ! pour que vous sachiez que le Fils de l'homme a le pouvoir, sur la terre, de pardonner les péchés… – Jésus s'adressa alors au paralysé – lève-toi, prends ta civière, et rentre dans ta maison. » Il se leva et rentra dans sa maison. Voyant cela, les foules furent saisies de crainte, et rendirent gloire à Dieu qui a donné un tel pouvoir aux hommes.**

### *Prière sur les offrandes*

Puissions-nous être purifiés, Seigneur, par l'offrande consacrée à ton nom ; qu'elle nous conduise, de jour en jour, à vivre de la vie du ciel. Par le Christ, notre Seigneur. ***— Amen.***

### *Antienne de la communion*

Goûtez et voyez : le Seigneur est bon !
Heureux qui trouve en lui son refuge !
(Ps 33, 9)

*OU*

Venez à moi, vous tous qui peinez
sous le poids du fardeau,
et moi, je vous procurerai le repos,
dit le Seigneur. (Mt 11, 28)

### *Prière après la communion*

Comblés de si grands bienfaits, nous te supplions, Seigneur : fais que nous en retirions des fruits pour notre salut et que jamais nous ne cessions de chanter ta louange. Par le Christ, notre Seigneur. — ***Amen.***

## INVITATION

Quels gestes concrets de conversion pourrais-je poser en juillet ?
Un don ? Une main tendue ? Un engagement ?

## COMMENTAIRE

**Tout simplement**

Psaume 18B (19)

**Le psaume nous présente la Loi, la Torah, sous un jour qui ne nous est pas forcément familier : elle « redonne vie » et est donc « désirable ». Une expérience à faire avec l'ensemble de l'Écriture. Ce qui suppose de se mettre en situation d'écoute et d'être de ces simples ouverts à l'autre et au Tout-Autre, de ces simples prêts à se repositionner dans leur relation avec Dieu et dans leur manière de vivre. Un appel à intensifier notre attention à la Parole qui fait toutes choses nouvelles.** ■

***Emmanuelle Billoteau**, ermite*

# VENDREDI 5 JUILLET 2024

**13E SEMAINE DU TEMPS ORDINAIRE COULEUR LITURGIQUE : VERT**



**Temps ordinaire,** *suggestion d'oraisons et d'antiennes n° 15*
*ou* **saint Antoine-Marie Zaccaria**

### *Antienne d'ouverture*

**Moi, par ta justice, je verrai ta face ; quand ta gloire se manifestera, je serai rassasié.** (cf. Ps 16, 15)

### *Prière*

Seigneur Dieu, tu montres aux égarés la lumière de ta vérité pour qu'ils puissent reprendre le bon chemin ; donne à tous ceux qui se déclarent chrétiens de rejeter ce qui est contraire à ce nom et de rechercher ce qui lui fait honneur. Par Jésus…
**— *Amen.***

## *Lecture*

du livre du prophète Amos (8, 4-6.9-12)

*« J'enverrai une faim, non pas de pain,*
*mais la faim d'entendre les paroles du Seigneur »*

**Écoutez ceci, vous qui écrasez le malheureux pour anéantir les humbles du pays, car vous dites : « Quand donc la fête de la nouvelle lune sera-t-elle passée, pour que nous puissions vendre notre blé ? Quand donc le sabbat sera-t-il fini, pour que nous puissions écouler notre froment ? Nous allons diminuer les mesures, augmenter les prix et fausser les balances. Nous pourrons acheter le faible pour un peu d'argent,**

le malheureux pour une paire de sandales. Nous vendrons jusqu'aux déchets du froment ! »
Ce jour-là – oracle du Seigneur Dieu –, je ferai disparaître le soleil en plein midi, en plein jour, j'obscurcirai la lumière sur la terre. Je changerai vos fêtes en deuil, tous vos chants en lamentations ; je vous obligerai tous à vous vêtir de toile à sac, à vous raser la tête. Je mettrai ce pays en deuil comme pour un fils unique, et, dans la suite des jours, il connaîtra l'amertume. Voici venir des jours – oracle du Seigneur Dieu – où j'enverrai la famine sur la terre ; ce ne sera pas une faim de pain ni une soif d'eau, mais la faim et la soif d'entendre les paroles du Seigneur. On se traînera d'une mer à l'autre, marchant à l'aventure du nord au levant, pour chercher en tout lieu la parole du Seigneur, mais on ne la trouvera pas.
– Parole du Seigneur.

## *Psaume* 118 (119)

***℟ L'homme ne vit pas seulement de pain, mais de toute parole qui sort de la bouche de Dieu.***

Heureux ceux qui gardent les exigences de Dieu,
ils le cherchent de tout cœur !
De tout mon cœur, je te cherche, Seigneur ;
garde-moi de fuir tes volontés. ℟

Mon âme a brûlé de désir
en tout temps pour tes décisions.
J'ai choisi la voie de la fidélité,
je m'ajuste à tes décisions. ℟

Vois, j'ai désiré tes préceptes :
par ta justice fais-moi vivre.
La bouche grande ouverte, j'aspire,
assoiffé de tes volontés. ℟

*Acclamation de l'Évangile*

***Alléluia. Alléluia.*** Venez à moi, vous tous qui peinez sous le poids du fardeau, dit le Seigneur, et moi, je vous procurerai le repos. ***Alléluia.***

## *Évangile de Jésus Christ*

selon saint Matthieu (9, 9-13)

*« Ce ne sont pas les gens bien portants qui ont besoin du médecin. Je veux la miséricorde, non le sacrifice »*

**En ce temps-là, Jésus vit, en passant, un homme, du nom de Matthieu, assis à son bureau de collecteur d'impôt. Il lui dit : « Suis-moi. » L'homme se leva et le suivit. Comme Jésus était à table à la maison, voici que beaucoup de publicains (c'est-à-dire des collecteurs d'impôts) et beaucoup de pécheurs vinrent prendre place avec lui et ses disciples. Voyant cela, les pharisiens disaient à ses disciples : « Pourquoi votre maître mange-t-il avec les publicains et les pécheurs ? » Jésus, qui avait entendu, déclara : « Ce ne sont pas les gens bien portants qui ont besoin du médecin, mais les malades. Allez apprendre ce que signifie : *Je veux la miséricorde, non le sacrifice.* En effet, je ne suis pas venu appeler des justes, mais des pécheurs. »**

*Prière sur les offrandes*

Regarde, Seigneur, les dons de l'Église qui te supplie : accorde à tes fidèles qui vont les recevoir la grâce d'une sainteté plus grande. Par le Christ, notre Seigneur. ***– Amen.***

*Antienne de la communion*

Le passereau lui-même s'est trouvé
une maison, et la tourterelle,
un nid pour abriter sa couvée :
tes autels, Seigneur de l'univers,
mon Roi et mon Dieu !
Heureux les habitants de ta maison :
ils te loueront pour les siècles
des siècles. (cf. Ps 83, 4-5)

*OU*

Celui qui mange ma chair et boit
mon sang demeure en moi, et moi, je
demeure en lui, dit le Seigneur. (Jn 6, 56)

*Prière après la communion*

Nous avons reçu tes bienfaits, Seigneur, et nous te supplions : chaque fois que nous célébrons ce mystère, fais grandir en nous ton œuvre de salut. Par le Christ, notre Seigneur. — ***Amen.***

## INVITATION

Je relis les semaines, les mois passés. Quand est-ce que le Seigneur m'a dit : « Suis-moi » ? Ai-je été fidèle à son invitation ?

## COMMENTAIRE

**Loi entraînante** Amos 8, 4-6.9-12 ; Psaume 118 (119)

**Le psaume 118 (119) est une longue méditation sur la loi divine, sur la Parole en ses différentes harmoniques : ici, en tant qu'elle révèle les volontés, décisions et exigences de Dieu. Ne permet-elle pas en effet aux humains de s'ajuster ? Ce que ne font manifestement pas les contemporains d'Amos, lesquels font passer leurs propres intérêts avant le respect d'autrui, tout particulièrement du pauvre, de l'humble et du faible, auxquels Dieu a choisi de s'identifier. ■**

***Emmanuelle Billoteau,*** *ermite*

# SAMEDI 6 JUILLET 2024

**13E SEMAINE DU TEMPS ORDINAIRE** COULEUR LITURGIQUE : VERT

**Temps ordinaire,** *suggestion d'oraisons et d'antiennes n° 16*
*ou* **bienheureuse Vierge Marie,** *voir p. 36*
*ou* **sainte Maria Goretti**

*Antienne d'ouverture*

**Voici que Dieu vient à mon aide,**
**le Seigneur est le soutien de mon âme.**
**De grand cœur, je t'offrirai le sacrifice,**
**je confesserai ton nom, car il est bon !**
(cf. Ps 53, 6.8)

*Prière*

Sois favorable à tes fidèles, Seigneur, et, dans ta bonté, multiplie pour eux les dons de ta grâce, afin que, brûlant de charité, de foi et d'espérance, ils soient toujours vigilants pour garder tes commandements. Par Jésus… ***– Amen.***

## Lecture

du livre du prophète Amos (9, 11-15)

*« Je ramènerai les captifs de mon peuple. Je les planterai sur leur sol »*

**Ainsi parle le Seigneur : Ce jour-là, je relèverai la hutte de David, qui s'écroule ; je réparerai ses brèches, je relèverai ses ruines, je la rebâtirai telle qu'aux jours d'autrefois, afin que ses habitants prennent possession du reste d'Édom et de toutes les nations sur lesquelles mon nom fut jadis invoqué, – oracle du Seigneur, qui fera tout cela. Voici venir des jours**

– oracle du Seigneur – où se suivront de près laboureur et moissonneur, le fouleur de raisins et celui qui jette la semence. Les montagnes laisseront couler le vin nouveau, toutes les collines en seront ruisselantes. Je ramènerai les captifs de mon peuple Israël ; ils rebâtiront les villes dévastées et les habiteront ; ils planteront des vignes et en boiront le vin ; ils cultiveront des jardins et en mangeront les fruits. Je les planterai sur leur sol, et jamais plus ils ne seront arrachés du sol que je leur ai donné. Le Seigneur ton Dieu a parlé.

– Parole du Seigneur.

## *Psaume* 84 (85)

℟ ***Ce que dit le Seigneur, c'est la paix pour son peuple.***

J'écoute : que dira le Seigneur Dieu ?
Ce qu'il dit, c'est la paix
pour son peuple et ses fidèles ;
qu'ils ne reviennent jamais à leur folie ! ℟

Amour et vérité se rencontrent,
justice et paix s'embrassent ;
la vérité germera de la terre
et du ciel se penchera la justice. ℟

Le Seigneur donnera ses bienfaits,
et notre terre donnera son fruit.
La justice marchera devant lui,
et ses pas traceront le chemin. ℟

## *Acclamation de l'Évangile*

***Alléluia. Alléluia.*** Mes brebis écoutent ma voix, dit le Seigneur ; moi, je les connais, et elles me suivent. ***Alléluia.***

## Évangile de Jésus Christ

selon saint Matthieu (9, 14-17)

*« Les invités de la noce pourraient-ils donc être en deuil pendant le temps où l'Époux est avec eux ? »*

**En ce temps-là, les disciples de Jean le Baptiste s'approchèrent de Jésus en disant : « Pourquoi, alors que nous et les pharisiens, nous jeûnons, tes disciples ne jeûnent-ils pas ? » Jésus leur répondit : « Les invités de la noce pourraient-ils donc être en deuil pendant le temps où l'Époux est avec eux ? Mais des jours viendront où l'Époux leur sera enlevé ; alors ils jeûneront. Et personne ne pose une pièce d'étoffe neuve sur un vieux vêtement, car le morceau ajouté tire sur le vêtement, et la déchirure s'agrandit. Et on ne met pas du vin nouveau* dans de vieilles outres ; autrement, les outres éclatent, le vin se répand, et les outres sont perdues. Mais on met le vin nouveau dans des outres neuves, et le tout se conserve. »**

### *Prière sur les offrandes*

Seigneur Dieu, dans le sacrifice unique et parfait de ton Fils, tu as porté à leur achèvement les multiples sacrifices de l'ancienne Loi ; reçois maintenant le sacrifice offert par tes fidèles serviteurs et sanctifie-le comme tu as béni les présents d'Abel : que les dons offerts par chacun pour honorer ta gloire servent au salut de tous. Par le Christ, notre Seigneur. ***— Amen.***

### *Antienne de la communion*

Le Seigneur est tendresse et pitié ;
de ses merveilles il a laissé
un mémorial. Il a donné des vivres
à ceux qui le craignent.
(cf. Ps 110, 4-5)

*OU*

Voici que je me tiens à la porte,
et je frappe, dit le Seigneur.
Si quelqu'un entend ma voix
et ouvre la porte, j'entrerai chez lui ;
je prendrai mon repas avec lui,
et lui avec moi. (Ap 3, 20)

### *Prière après la communion*

Dans ta bienveillance, reste auprès de ton peuple, nous t'en prions, Seigneur ; puisque tu l'as initié aux sacrements du ciel, fais-le passer de ce qui est ancien à la vie nouvelle. Par le Christ, notre Seigneur. — ***Amen.***

## INVITATION

C'est le premier jour des vacances d'été : et si je prenais l'engagement d'envoyer chaque semaine d'ici septembre un courrier à un enfant de mon entourage ?

## COMMENTAIRE

**De la confusion à la paix** Psaume 84 (85) ; Matthieu 9, 14-17

**« Ce que dit le Seigneur Dieu, c'est la paix. » Une paix qui relève du salut et du bienfait. Sans oublier qu'elle ne peut advenir si amour et vérité ne se rencontrent pas, si la justice n'est pas présente. Rien à voir avec les fausses paix et les absences de conflits fondées sur des injustices et le déni de la vérité. Regardons Jésus et sa capacité à trancher, à sortir de la confusion pour qu'advienne la nouveauté de la Bonne Nouvelle du salut. ■**

***Emmanuelle Billoteau, ermite***

## ✻ CLÉ DE LECTURE

**« Vin nouveau »** Matthieu 9, 17 *(p. 33)*

**Une maxime populaire ? Matthieu l'utilise pour jouer sur l'opposition du vieux et du neuf, et l'appliquer à la présence de Jésus au milieu des siens. Rattachée à une petite parabole sur les invités à la noce, elle peut évoquer au lecteur le vin de Cana dans l'évangile de Jean. Mais, ici, les outres de peau ne supportent pas la pression du vin nouveau. Inséré dans les traditions de son peuple, Jésus fait éclater les règles rigides de la vie quotidienne pour laisser souffler un grand vent de liberté. Mais, hier comme aujourd'hui, dans les Églises chrétiennes, la leçon résonne encore : le vin nouveau fait éclater les outres anciennes. Abandonnons nos vieux a priori, sachons nous réjouir et accueillir largement celui qui fait toutes choses nouvelles ! ■**

***Roselyne Dupont-Roc, bibliste***

## Bienheureuse Vierge Marie

**Couleur liturgique : blanc ou vert**

*Les samedis du temps ordinaire sans mémoire obligatoire, on peut faire mémoire de la Vierge Marie, selon une tradition qui honore la foi et l'espérance sans défaut de Marie le Samedi saint.*

### Antienne d'ouverture

Bienheureuse es-tu, Vierge Marie :
tu as porté le Créateur de l'univers,
tu as mis au monde celui qui t'a faite,
et tu demeures toujours vierge.

### Prière

Dieu de miséricorde, viens au secours de notre faiblesse : puisque nous faisons mémoire de la sainte Mère de Dieu, fais que, soutenus par son intercession, nous soyons relevés de nos péchés. Par Jésus Christ… ***— Amen.***

*OU*

Que vienne à notre aide, Seigneur, nous t'en prions, l'admirable intercession de la bienheureuse Marie toujours vierge ; qu'elle nous obtienne la joie de vivre dans la paix que tu nous donnes, délivrés de tout péril. Par Jésus Christ… ***— Amen.***

### Prière sur les offrandes

En rendant hommage à la Mère de ton Fils, Seigneur, nous te supplions : que le sacrifice offert en ce jour fasse de nous, par le don de ta grâce, une éternelle offrande à ta gloire. Par le Christ, notre Seigneur. ***— Amen.***

*Préface de la Vierge Marie, p. 205.*

### Antienne de la communion

Le Puissant fit pour moi des merveilles ; Saint est son nom. (Lc 1, 49)

### Prière après la communion

Tu nous as fait participer à la rédemption éternelle, et nous te prions, Seigneur : alors que nous faisons mémoire de la Mère de ton Fils, comble-nous de la plénitude de ta grâce, et fais-nous éprouver toujours davantage les effets du salut. Par le Christ, notre Seigneur. ***— Amen.***

# DIMANCHE 7 JUILLET 2024

## 14E DIMANCHE DU TEMPS ORDINAIRE

### ANNÉE B – COULEUR LITURGIQUE : VERT

*« Ils étaient profondément choqués à son sujet. »* Marc 6, 3



**Jésus, le grand prophète, le maître incomparable, est méprisé dans son pays.** Le Christ a pourtant toutes les qualités et ses actes sont en harmonie avec ses paroles. Il guérit, console, est témoin d'espérance. Et pourtant, il n'est pas écouté. Avec le Christ, témoignons de la Bonne Nouvelle sans être surpris de rencontrer l'indifférence ou le mépris. Comme lui, gardons la tête haute et allons de l'avant.

## RITES INITIAUX

***Chant d'entrée*** *(Suggestions p. 226)*
*OU*
***Antienne d'ouverture***
Dieu, nous accueillons ta miséricorde au milieu de ton temple.
Ta louange, comme ton nom, Seigneur Dieu,
couvre l'étendue de la terre. Ta main droite est pleine de justice.
(cf. Ps 47, 10-11)

***Suggestion de préparation pénitentielle*** *(ou p. 196)*
Frères et sœurs, en ce dimanche où le Christ est méprisé au sein de sa propre patrie, préparons-nous à célébrer le mystère de l'eucharistie en reconnaissant notre péché.

Prends pitié de nous, Seigneur, toi dont la puissance se manifeste dans notre faiblesse, toi dont la grâce nous suffit.
***— Nous avons péché contre toi.***
Montre-nous, ta miséricorde, ô Christ, toi qui n'as pas été accueilli au sein de ta propre patrie. ***— Et donne-nous ton salut.***

Que Dieu tout-puissant nous fasse miséricorde ; qu'il nous pardonne nos péchés et nous conduise à la vie éternelle. ***— Amen.***

*Ensuite, on chante ou on dit le Kyrie (p. 197).*

***Gloire à Dieu*** *(p. 198)*

*Prière*

Seigneur Dieu, par l'abaissement de ton Fils, tu as relevé le monde déchu ; donne à tes fidèles une joie sainte : tu les as tirés de l'esclavage du péché ; fais-leur connaître le bonheur éternel. Par Jésus…

***– Amen.***

## LITURGIE DE LA PAROLE

### *Lecture* du livre du prophète Ézékiel (2, 2-5)

*« C'est une engeance de rebelles !*
*Qu'ils sachent qu'il y a un prophète au milieu d'eux ! »*

**En ces jours-là, l'esprit vint en moi et me fit tenir debout. J'écoutai celui qui me parlait. Il me dit : « Fils d'homme, je t'envoie vers les fils d'Israël, vers une nation rebelle qui s'est révoltée contre moi. Jusqu'à ce jour, eux et leurs pères se sont soulevés contre moi. Les fils ont le visage dur, et le cœur obstiné ; c'est à eux que je t'envoie. Tu leur diras : "Ainsi parle le Seigneur Dieu…" Alors, qu'ils écoutent ou qu'ils n'écoutent pas – c'est une engeance de rebelles ! – ils sauront qu'il y a un prophète au milieu d'eux. »**

– Parole du Seigneur.

## *Psaume* 122 (123)

**℟ *Nos yeux, levés vers le Seigneur, attendent sa pitié.***

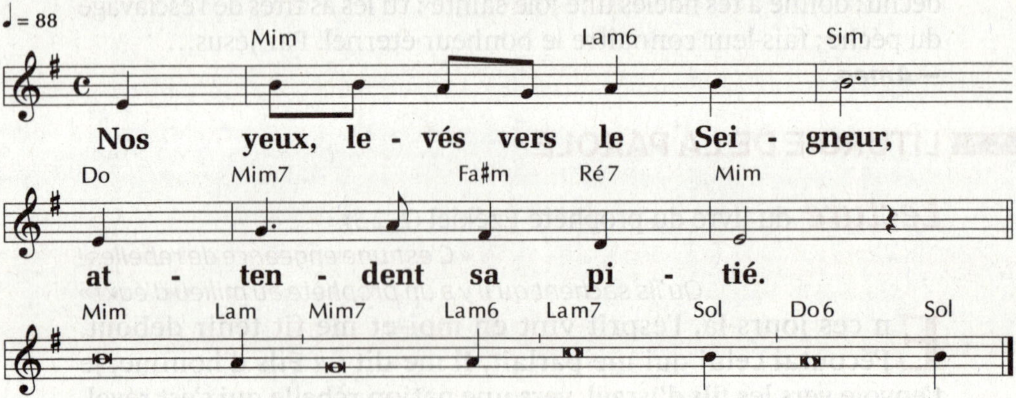


*T. : AELF; M. : M. Wackenheim; Éd. : ADF.*

Vers toi j'ai les yeux levés,
vers toi qui es au ciel,
comme les yeux de l'esclave
vers la main de son maître. ℟

Comme les yeux de la servante
vers la main de sa maîtresse,
nos yeux, levés vers le Seigneur notre Dieu,
attendent sa pitié. ℟

**Retrouvez ce psaume sur le CD "Les psaumes de l'année B"**

Pitié pour nous, Seigneur, pitié pour nous :
notre âme est rassasiée de mépris.
C'en est trop, nous sommes rassasiés
du rire des satisfaits,
du mépris des orgueilleux ! ℟

***Lecture*** de la deuxième lettre de saint Paul apôtre aux Corinthiens (12, 7-10)

*« Je mettrai ma fierté dans mes faiblesses, afin que la puissance du Christ fasse en moi sa demeure »*

**Frères, les révélations que j'ai reçues sont tellement extraordinaires que, pour m'empêcher de me surestimer, j'ai reçu dans ma chair une écharde, un envoyé de Satan qui est là pour me gifler, pour empêcher que je me surestime. Par trois fois, j'ai prié le Seigneur de l'écarter de moi. Mais il m'a déclaré : « Ma grâce te suffit, car ma puissance donne toute sa mesure dans la faiblesse. » C'est donc très volontiers que je mettrai plutôt ma fierté dans mes faiblesses, afin que la puissance du Christ fasse en moi sa demeure. C'est pourquoi j'accepte de grand cœur pour le Christ les faiblesses, les insultes, les contraintes, les persécutions et les situations angoissantes. Car, lorsque je suis faible, c'est alors que je suis fort.**
– Parole du Seigneur.

### *Acclamation de l'Évangile*

***Alléluia. Alléluia.*** L'Esprit du Seigneur est sur moi : il m'a envoyé porter la Bonne Nouvelle aux pauvres. ***Alléluia.***

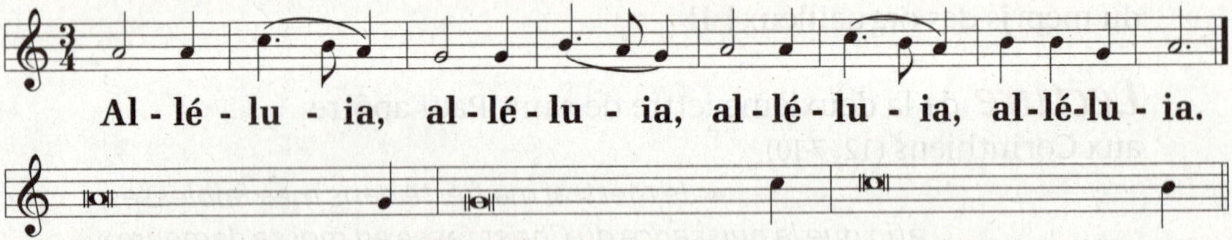


*Refrain : Z 585 ; M. : E. Baranger ; Éd. de l'Emmanuel ; Psalmodie : M. : M. Wackenheim ; Bayard Liturgie.*

## *Évangile de Jésus Christ* selon saint Marc (6, 1-6)

*« Un prophète n'est méprisé que dans son pays »*

**En ce temps-là, Jésus se rendit dans son lieu d'origine, et ses disciples le suivirent. Le jour du sabbat, il se mit à enseigner dans la synagogue. De nombreux auditeurs, frappés d'étonnement, disaient : « D'où cela lui vient-il ? Quelle est cette sagesse qui lui a été donnée, et ces grands miracles qui se réalisent par ses mains ? N'est-il pas le charpentier, le fils de Marie, et le frère de Jacques, de José, de Jude et de Simon ? Ses sœurs ne sont-elles pas ici chez nous ? » Et ils étaient profondément choqués à son sujet. Jésus leur disait : « Un prophète n'est méprisé que dans son pays, sa parenté et sa maison. » Et là il ne pouvait accomplir aucun**

**miracle ; il guérit seulement quelques malades en leur imposant les mains. Et il s'étonna de leur manque de foi. Alors, Jésus parcourait les villages d'alentour en enseignant.**

## *Homélie*

## *Profession de foi* *(p. 199)*

## *Suggestion de prière universelle*

*Le prêtre :*

Le Christ nous appelle à être témoins de son amour. Au début de cet été, tournons-nous vers lui, présentons-lui les hommes et les femmes de notre temps.

℟ ***Fils du Dieu vivant, exauce-nous !***

*D. R. ; T. et M. : J. Gelineau.*

*Le diacre ou un lecteur :*

Ô Christ, nous te remercions pour les témoins de l'Évangile qui œuvrent dans notre pays et à travers le monde. Aux jours d'épreuves, qu'ils persévèrent dans le calme et la paix. Avec confiance, nous te prions. ℟

Ô Christ, nous te disons merci pour nos responsables politiques qui ont le souci des personnes les plus précaires. Qu'ils inventent de nouveaux chemins de justice et de solidarité. Avec espérance, nous te prions. ℟

Ô Christ, merci pour tous les ministres de l'onction des malades à travers le monde. Donne aux personnes qui la reçoivent, ainsi qu'à leurs proches, la force de ton amour. Avec le pape François, nous te prions. ℟

Ô Christ, nous te remercions pour l'été qui vient, durant lequel nous pouvons refaire nos forces. Donne-nous d'accueillir à bras ouverts les vacanciers qui passeront dans notre assemblée. Avec joie, nous te prions. ℟

*(Ces intentions seront adaptées ou modifiées selon les circonstances.)*

*Le prêtre :* Seigneur Jésus, tu n'as jamais cessé d'apporter au monde la Bonne Nouvelle de ton amour et de ta victoire. Nous t'en prions, exauce nos humbles prières, toi qui vis et règnes pour les siècles des siècles. ***— Amen.***

## LITURGIE EUCHARISTIQUE

### *Prière sur les offrandes*

Puissions-nous être purifiés, Seigneur, par l'offrande consacrée à ton nom ; qu'elle nous conduise, de jour en jour, à vivre de la vie du ciel. Par le Christ, notre Seigneur. ***— Amen.***

***Prière eucharistique*** *(Préface des dimanches, p. 202)*

***Chant de communion*** *(Suggestions p. 226)*

*OU*

***Antienne de la communion***

Goûtez et voyez : le Seigneur est bon !
Heureux qui trouve en lui son refuge !
(Ps 33, 9)

*OU*

Venez à moi, vous tous qui peinez sous le poids du fardeau,
et moi, je vous procurerai le repos,
dit le Seigneur.
(Mt 11, 28)

***Prière après la communion***

Comblés de si grands bienfaits, nous te supplions, Seigneur : fais que nous en retirions des fruits pour notre salut et que jamais nous ne cessions de chanter ta louange. Par le Christ, notre Seigneur. – ***Amen.***

## RITE DE CONCLUSION

***Bénédiction***

***Envoi***

## COMMENTAIRE DU DIMANCHE

**Luc Forestier,** prêtre de l'Oratoire

# Prophètes aujourd'hui

Pour Ézékiel comme pour Jésus, l'annonce prophétique suscite de vraies résistances. S'adresser au peuple d'Israël en lui rappelant sa vocation unique au cœur de l'histoire humaine coûte cher aux prophètes d'hier et d'aujourd'hui. De même, quand Jésus proclame un enseignement et invite à un changement de vie par une guérison intérieure, il n'est guère entendu par ses proches. Enfin, les confidences de Paul sur l'écharde qui l'empêche de se croire au-dessus de tous les autres confirment ce que nous disent Ézékiel et Marc sur le combat prophétique. En effet, c'est au plus intime de chacun de nous, ainsi que de l'Église, que l'on trouve les résistances les plus fortes à la nouveauté de l'Évangile. Certes, il y a beaucoup d'Églises qui connaissent la persécution sur notre planète. Et, dans nos sociétés démocratiques

et libérales, nous voyons bien que notre propre témoignage se fracasse sur les rochers de l'indifférence, de l'enfermement dans la consommation ou de l'autoréférentialité.
Nous savons pourtant qu'en accueillant au cœur de nos existences troublées la Parole faite chair, nous sommes envoyés au cœur d'une société rétive, comme témoins du Christ vivant. Et, comme à chaque fois que nous nous approchons de la communion eucharistique, nous nous rappelons avec force que nous n'en sommes jamais dignes, même si nous y sommes toujours invités. Que Dieu achève ce qu'il a commencé !

~

Comment puis-je être aujourd'hui un prophète crédible ?

En faveur de quelle communauté persécutée aujourd'hui vais-je prier, m'informer, manifester ma solidarité, aider sur le plan matériel ? ■

Prions en Église junior

## LIRE L'ÉVANGILE AVEC LES ENFANTS

## CE QUE JE DÉCOUVRE

**Dans la synagogue de son enfance,
Jésus parle avec sagesse de sa vie avec Dieu.**
Sa famille et ses amis sont étonnés. Ils ont du mal à croire que l'enfant qu'ils ont connu parle au nom de Dieu. Comme Jésus l'a déjà dit, ses proches ne sont pas seulement ceux qui l'ont connu quand il était petit, mais aussi ceux qui font la volonté de son Père qui est aux cieux : ils sont pour lui des frères et sœurs (cf. Mc 3, 35).

## CE QUE JE VIS

Comment te sens-tu quand ta famille ne croit pas un mot de ce que tu dis ? Parlez-vous en famille de la prière ? Qu'est-ce que vous vous dites ?

**Continue cette prière :**
**« Seigneur Jésus, je crois en toi et tu m'étonnes parce que… »**
**Et demande à Jésus de te donner l'Esprit Saint !**

Texte : Frédéric Pascal. Illustrations : Marcelino Truong

**MÉDITATION BIBLIQUE**
**14E DIMANCHE DU TEMPS ORDINAIRE**
Évangile selon saint Marc 6, 1-6

# De l'inattendu au scandale

**Étonnement des concitoyens de Jésus, étonnement de Jésus : cet évangile semble nous interroger sur les rendez-vous manqués, une situation plutôt banale si l'on en croit l'histoire mouvementée de l'Alliance entre Dieu et son peuple, telle que la rapporte la Bible.**

## Le temps de la préparation

**« Dieu est pour nous refuge et force […] toujours offert. » (Ps 45, 2)**

## Le temps de l'observation

Jésus vient d'accomplir deux guérisons : celle de la femme atteinte d'hémorragie et celle de la fille de Jaïre. De retour « dans son lieu d'origine », il fait acte d'autorité en prenant la parole à la synagogue. Même si nous ignorons le contenu de son propos, il a manifestement dérangé ses auditeurs, lui qui enseigne avec « autorité, et non pas comme les scribes » (Mc 1, 22). Sa façon d'être ne correspond pas au comportement attendu d'un proche qu'on croit connaître et qu'on définit par son appartenance familiale. Si ses concitoyens s'interrogent, ils ne semblent pas ouverts •••

... à un renouvellement possible de leur jugement. Le baptême de Jésus avec la descente de l'Esprit pourrait expliquer ses actes de puissance et ses paroles, mais ils ne cherchent pas à savoir. Quant à cette puissance, elle est partiellement mise en échec par le manque de foi. En lui, Dieu casse donc les représentations classiques pour se manifester sous les traits d'un Messie qui choisit de ne pas contraindre les libertés.

## Le temps de la méditation

« Un prophète n'est méprisé que dans son pays. » Amos, Jérémie et d'autres ont subi un tel rejet. De fait, comment accueillir le prophète ou le juste (cf. Sg 2, 12-24) qui viennent témoigner de l'absolu de Dieu et déranger les évidences dans lesquelles nous nous installons tous ? Une question qu'il n'est jamais superflu de se poser. Quelles représentations de Dieu, du Christ viennent s'interposer entre l'inattendu et nous ? Il s'agit d'apprendre à discerner et à ne pas se laisser égarer par les discours ou les actes trompeurs des faux prophètes qui, au lieu de nous conduire à une plus grande liberté, peuvent nous aliéner, nous infantiliser, nous engluer dans l'affectif. À chacun de s'éprouver, de relire sa vie pour mieux se connaître et apprendre à reconnaître ce qui rend le son de l'Évangile du salut. L'Écriture ne nous familiarise-t-elle pas avec les mœurs de Dieu et les signes du passage de l'Esprit ?

## Le temps de la prière

**« Il est avec nous le Seigneur de l'univers. » (Ps 45, 4)** ■

**Emmanuelle Billoteau,**
ermite

## PARTAGE BIBLIQUE

*Environ 45 minutes*

*Une bible ou* Prions en Église, *page 41*

### « JE METTRAI MA FIERTÉ DANS MES FAIBLESSES » (2 CO 12, 7-10)

### Lire

Pour Paul, le dépouillement fait réaliser ce qu'est la chair. Prenons le temps de méditer ces mots.

### Comprendre le texte

Les super-apôtres arrivés à Corinthe font valoir les visions et les révélations célestes dont ils assurent bénéficier. Contraint de montrer qu'il ne leur est pas inférieur sur ce point, Paul accepte d'entrer dans ce jeu de comparaisons, bien qu'il estime inutile de se vanter. Cela lui sert-il pour son ministère apostolique ? Non, il n'a rien à dire ! Ce n'est pas à proprement dit un élément de gloire dont il peut se vanter puisqu'il n'apporte rien à sa qualité d'apôtre. En outre, pour éviter que Paul se surestime d'avoir bénéficié de cette vision, il a reçu dans sa chair une écharde qu'il écrit être « un envoyé de Satan qui est là pour me gifler ». Le nom •••

## PARTAGE BIBLIQUE (SUITE) « JE METTRAI MA FIERTÉ DANS MES FAIBLESSES »

... commun « le satan » désigne un adversaire qui s'introduit à la cour divine. Il est devenu un nom propre, « Satan », vers l'an 200 av. J.-C. Il vient gifler ou boxer Paul par l'intermédiaire des épreuves apostoliques, à moins qu'il ne s'agisse d'une maladie récurrente. Paul n'en a pas été libéré, car il devait manifester la puissance de Dieu dans sa faiblesse, comme Jésus, crucifié dans sa faiblesse mais vivant par la puissance de Dieu. Les épreuves de sa vie d'apôtre assurent Paul que « lorsqu['il est] faible, c'est alors qu['il est] fort. »

# Partager

- Quel sens revêt pour moi le fait de discipliner ma chair pour le Christ ?
- Faut-il que j'écarte la chair pour m'approcher de Dieu ?
- En quoi le fait de se dépouiller me permet-il de me rendre plus disponible à l'Évangile ?
- Ai-je déjà fait l'expérience d'être fort au cœur même de ma faiblesse reconnue ?

# Prier

Prenons le refrain du chant *Ce qu'il y a de fou dans le monde* (L14-49) : « Voilà ce que Dieu a choisi. » ■

**Sylvain Gasser,** prêtre assomptionniste

# LUNDI 8 JUILLET 2024

**14E SEMAINE DU TEMPS ORDINAIRE** COULEUR LITURGIQUE : VERT

**Temps ordinaire,** *suggestion d'oraisons et d'antiennes n° 17*



### *Antienne d'ouverture*

**Dieu se tient dans sa sainte demeure ;**
**Dieu fait habiter les siens unanimes dans sa maison :**
**c'est lui qui donne à son peuple force et puissance.**
(cf. Ps 67, 6-7.36)

### *Prière*

Tu protèges, Seigneur Dieu, ceux qui espèrent en toi ; sans toi, rien n'est fort et rien n'est saint : multiplie pour nous les signes de ta miséricorde, afin que, sous ta conduite et sous ta direction, en faisant un bon usage des biens qui passent, nous puissions déjà nous attacher à ceux qui demeurent. Par Jésus… ***– Amen.***

## *Lecture*

du livre du prophète Osée (2, 16.17b-18.21-22)

*« Je ferai de toi mon épouse pour toujours »*

**Ainsi parle le Seigneur : Mon épouse infidèle, je vais la séduire, je vais l'entraîner jusqu'au désert, et je lui parlerai cœur à cœur. Là, elle me répondra comme au temps de sa jeunesse, au jour où elle est sortie du pays d'Égypte. En ce jour-là – oracle du Seigneur –, voici ce qui arrivera : Tu m'appelleras : « Mon époux » et non plus : « Mon**

Baal » (c'est-à-dire « mon maître »). Je ferai de toi mon épouse pour toujours, je ferai de toi mon épouse dans la justice et le droit, dans la fidélité et la tendresse ; je ferai de toi mon épouse dans la loyauté, et tu connaîtras le Seigneur.
– Parole du Seigneur.

## *Psaume* 144 (145)

℟ ***Le Seigneur est tendresse et pitié.***

Chaque jour je te bénirai,
je louerai ton nom toujours et à jamais.
Il est grand, le Seigneur, hautement loué ;
à sa grandeur, il n'est pas de limite. ℟

D'âge en âge, on vantera tes œuvres,
on proclamera tes exploits.
Je redirai le récit de tes merveilles,
ton éclat, ta gloire et ta splendeur. ℟

On dira ta force redoutable ;
je raconterai ta grandeur.
On rappellera tes immenses bontés ;
tous acclameront ta justice. ℟

Le Seigneur est tendresse et pitié,
lent à la colère et plein d'amour ;
la bonté du Seigneur est pour tous,
sa tendresse, pour toutes ses œuvres. ℟

## *Acclamation de l'Évangile*

***Alléluia. Alléluia.*** Notre Sauveur, le Christ Jésus, a détruit la mort ; il a fait resplendir la vie par l'Évangile. ***Alléluia.***

## Évangile de Jésus Christ

selon saint Matthieu (9, 18-26)

*« Ma fille est morte à l'instant ; mais viens, et elle vivra »*

En ce temps-là, tandis que Jésus parlait aux disciples de Jean le Baptiste, voilà qu'un notable s'approcha. Il se prosternait devant lui en disant : « Ma fille est morte à l'instant ; mais viens lui imposer la main, et elle vivra. » Jésus se leva et le suivit, ainsi que ses disciples.

Et voici qu'une femme souffrant d'hémorragies depuis douze ans s'approcha par derrière et toucha la frange de son vêtement. Car elle se disait en elle-même : « Si je parviens seulement à toucher son vêtement, je serai sauvée. » Jésus se retourna et, la voyant, lui dit : « Confiance, ma fille ! Ta foi t'a sauvée. » Et, à l'heure même, la femme fut sauvée.

Jésus, arrivé à la maison du notable, vit les joueurs de flûte et la foule qui s'agitait bruyamment. Il dit alors : « Retirez-vous. La jeune fille n'est pas morte : elle dort. » Mais on se moquait de lui. Quand la foule fut mise dehors, il entra, lui saisit la main, et la jeune fille se leva. Et la nouvelle se répandit dans toute la région.



### Prière sur les offrandes

Accueille, nous t'en prions, Seigneur, les dons prélevés pour toi sur tes propres largesses ; que ces mystères très saints, où ta grâce opère avec puissance, sanctifient notre vie de tous les jours et nous conduisent aux joies éternelles. Par le Christ, notre Seigneur. — ***Amen.***

### *Antienne de la communion*

Bénis le Seigneur, ô mon âme,
n'oublie aucun de ses bienfaits.
(Ps 102, 2)
*OU*
Heureux les miséricordieux,
car ils obtiendront miséricorde.
Heureux les cœurs purs,
car ils verront Dieu. (Mt 5, 7-8)

### *Prière après la communion*

Nous avons communié, Seigneur, au sacrement divin, mémorial à jamais de la passion de ton Fils ; nous t'en prions : fais servir à notre salut le don que lui-même nous a légué dans son amour inexprimable. Lui qui…
***— Amen.***

## INVITATION

Je pourrais, cette semaine, vivre le sacrement de réconciliation avec, au cœur, cette phrase de Jésus : « Ta foi t'a sauvé. »

## COMMENTAIRE

**Résurrection à suivre** Matthieu 9, 18-26

**Jésus entraîne ses disciples à la suite de la très grande foi du notable qui s'est prosterné devant lui. L'homme croit qu'il peut rendre la vie à sa fille morte. Tout le contraire de la foule, qui s'agite bruyamment et se moque de Jésus quand il annonce que l'enfant dort. Suivons le père qui nous introduit auprès de sa fille : elle nous montre que laisser Jésus entrer dans nos vies et nous saisir est un chemin de résurrection. ■**

***Nicolas Tarralle,*** *prêtre assomptionniste*

# MARDI 9 JUILLET 2024

**14E SEMAINE DU TEMPS ORDINAIRE COULEUR LITURGIQUE : VERT**

**Temps ordinaire,** *suggestion d'oraisons et d'antiennes n° 18*
*ou* **saint Augustin Zhao Rong et ses compagnons**

7 - 13

### *Antienne d'ouverture*

**Dieu, viens à mon aide,**
**Seigneur, viens vite à mon secours.**
**Tu es mon secours, mon libérateur,**
**Seigneur, ne tarde pas !**
(cf. Ps 69, 2.6)

### *Prière*

Sois proche, Seigneur, de ceux qui te servent et montre à ceux qui t'implorent ton éternelle bonté ; c'est leur fierté d'avoir en toi leur Créateur et leur Guide : restaure pour eux ta création, et l'ayant renouvelée, protège-la. Par Jésus…
***— Amen.***

## Lecture

du livre du prophète Osée (8, 4-7.11-13)

*« Ils ont semé le vent, ils récolteront la tempête »*

**Ainsi parle le Seigneur : Les fils d'Israël ont établi des rois sans me consulter, ils ont nommé des princes sans mon accord ; avec leur argent et leur or, ils se sont fabriqué des idoles. Ils seront anéantis. Je le rejette, ton veau, Samarie ! Ma colère s'est enflammée contre tes enfants.**

Refuseront-ils toujours de retrouver l'innocence ? Ce veau est l'œuvre d'Israël, un artisan l'a fabriqué, ce n'est pas un dieu ; ce veau de Samarie sera mis en pièces. Ils ont semé le vent, ils récolteront la tempête. L'épi ne donnera pas de grain ; s'il y avait du grain, il ne donnerait pas de farine ; et, s'il en donnait, elle serait dévorée par les étrangers. Éphraïm a multiplié les autels pour expier le péché ; et ces autels ne lui servent qu'à pécher. J'ai beau lui mettre par écrit tous les articles de ma loi, il n'y voit qu'une loi étrangère. Ils offrent des sacrifices pour me plaire et ils en mangent la viande, mais le Seigneur n'y prend pas de plaisir. Au contraire, il y trouve le rappel de toutes leurs fautes, il fait le compte de leurs péchés. Qu'ils retournent donc en Égypte ! – Parole du Seigneur.

## *Psaume* 113B (115)

℟ ***Peuple de Dieu, mets ta foi dans le Seigneur.*** OU ***Alléluia !***

Notre Dieu, il est au ciel ;
tout ce qu'il veut, il le fait.
Leurs idoles : or et argent,
ouvrages de mains humaines. ℟

Elles ont une bouche et ne parlent pas,
des yeux et ne voient pas,
des oreilles et n'entendent pas,
des narines et ne sentent pas. ℟

Leurs mains ne peuvent toucher,
leurs pieds ne peuvent marcher.
Qu'ils deviennent comme elles, tous ceux qui les font,
ceux qui mettent leur foi en elles. ℟

Israël, mets ta foi dans le Seigneur :
le secours, le bouclier, c'est lui !
Famille d'Aaron, mets ta foi dans le Seigneur :
le secours, le bouclier, c'est lui ! ℟

### *Acclamation de l'Évangile*

***Alléluia. Alléluia.*** Moi, je suis le bon pasteur, dit le Seigneur ; je connais mes brebis et mes brebis me connaissent. ***Alléluia.***

## Évangile de Jésus Christ

selon saint Matthieu (9, 32-38)

*« La moisson est abondante, mais les ouvriers sont peu nombreux »*



**En ce temps-là, voici qu'on présenta à Jésus un possédé qui était sourd-muet. Lorsque le démon eut été expulsé, le sourd-muet se mit à parler. Les foules furent dans l'admiration, et elles disaient : « Jamais rien de pareil ne s'est vu en Israël ! » Mais les pharisiens disaient : « C'est par le chef des démons qu'il expulse les démons. »**

**Jésus parcourait toutes les villes et tous les villages, enseignant dans leurs synagogues, proclamant l'Évangile du Royaume et guérissant toute maladie et toute infirmité. Voyant les foules, Jésus fut saisi de compassion envers elles parce qu'elles étaient désemparées et abattues comme des brebis sans berger. Il dit alors à ses disciples : « La moisson est abondante, mais les ouvriers sont peu nombreux. Priez donc le maître de la moisson d'envoyer des ouvriers pour sa moisson. »**

### *Prière sur les offrandes*

Dans ta bonté, sanctifie ces dons, nous t'en prions, Seigneur ; accepte le sacrifice spirituel que nous t'offrons, et fais de nous-mêmes une éternelle offrande pour toi. Par le Christ, notre Seigneur. ***— Amen.***

### *Antienne de la communion*

Tu nous as donné, Seigneur,
le pain venu du ciel,
pain aux multiples saveurs
qui comble tous les goûts. (Sg 16, 20)
*OU*
Je suis le pain de la vie,
dit le Seigneur, celui qui vient à moi
n'aura jamais faim, celui qui croit
en moi n'aura jamais soif. (Jn 6, 35)

### *Prière après la communion*

Seigneur, entoure d'une constante protection ceux que tu as renouvelés par le don du ciel ; puisque tu ne cesses de les réconforter, rends-les dignes de la rédemption éternelle. Par le Christ, notre Seigneur. ***— Amen.***

## INVITATION

Je peux me joindre à l'intention de prière du pape François pour ce mois de juillet *(p. 4)* et prier pour les personnes qui reçoivent le sacrement des malades.

## COMMENTAIRE

### Apôtres de compassion

Matthieu 9, 32-38

**Jésus est saisi de compassion envers la foule. Elle erre, entre admiration et abattement, sans guide. Lui la connaît comme un berger son troupeau et il peut dire le nom de chacune des brebis. Il n'a besoin de personne pour aimer et connaître les siens. La foule, en revanche, a besoin d'apôtres qui aiment Jésus et le fassent connaître pour être amenée à lui. Prions le maître qu'il fasse de nous des ouvriers de sa compassion. ■**

***Nicolas Tarralle,** prêtre assomptionniste*

# MERCREDI 10 JUILLET 2024

14E SEMAINE DU TEMPS ORDINAIRE COULEUR LITURGIQUE : VERT

**Temps ordinaire,** *suggestion d'oraisons et d'antiennes nº 19*

7-13

### *Antienne d'ouverture*

**Regarde vers ton Alliance, Seigneur, ne délaisse pas sans fin l'âme de tes pauvres. Lève-toi, Seigneur, défends ta cause, n'oublie pas le cri de ceux qui te cherchent.** (cf. Ps 73, 20.19.22.23)

### *Prière*

Dieu éternel et tout-puissant, comme l'enseigne l'Esprit Saint, nous pouvons déjà t'appeler du nom de Père ; fais grandir en nos cœurs l'esprit d'adoption filiale, afin que nous soyons capables d'entrer un jour dans l'héritage qui nous est promis. Par Jésus… ***— Amen.***

## Lecture

du livre du prophète Osée (10, 1-3.7-8.12)

*« Il est temps de chercher le Seigneur »*

**Israël était une vigne luxuriante, qui portait beaucoup de fruit. Mais plus ses fruits se multipliaient, plus Israël multipliait les autels ; plus sa terre devenait belle, plus il embellissait les stèles des faux dieux. Son cœur est partagé ; maintenant il va expier : le Seigneur renversera ses autels ; les stèles, il les détruira. Maintenant Israël va dire : « Nous sommes privés de roi, car nous n'avons pas craint le Seigneur. Et si nous avions un roi, que**

pourrait-il faire pour nous ? » Ils ont disparu, Samarie et son roi, comme de l'écume à la surface de l'eau. Les lieux sacrés seront détruits, ils sont le crime, le péché d'Israël ; épines et ronces recouvriront leurs autels. Alors on dira aux montagnes : « Cachez-nous ! » et aux collines : « Tombez sur nous ! » Faites des semailles de justice, récoltez une moisson de fidélité, défrichez vos terres en friche. Il est temps de chercher le Seigneur, jusqu'à ce qu'il vienne répandre sur vous une pluie de justice. – Parole du Seigneur.

## *Psaume* 104 (105)

℟ ***Recherchez sans trêve la face du Seigneur.***
*OU* ***Alléluia !***

Chantez et jouez pour lui,
redites sans fin ses merveilles ;
glorifiez-vous de son nom très saint :
joie pour les cœurs qui cherchent Dieu ! ℟

Cherchez le Seigneur et sa puissance,
recherchez sans trêve sa face ;
souvenez-vous des merveilles
qu'il a faites,
de ses prodiges, des jugements
qu'il prononça. ℟

Vous, la race d'Abraham son serviteur,
les fils de Jacob, qu'il a choisis.
Le Seigneur, c'est lui notre Dieu :
ses jugements font loi pour l'univers. ℟

### *Acclamation de l'Évangile*

***Alléluia. Alléluia.*** Le règne de Dieu est tout proche. Convertissez-vous et croyez à l'Évangile. ***Alléluia.***

## *Évangile de Jésus Christ*

selon saint Matthieu (10, 1-7)

*« Allez plutôt vers les brebis perdues de la maison d'Israël »*



**En ce temps-là, Jésus appela ses douze disciples et leur donna le pouvoir d'expulser les esprits impurs et de guérir toute maladie et toute infirmité. Voici les noms des douze Apôtres : le premier, Simon, nommé Pierre ; André son frère ; Jacques, fils de Zébédée, et Jean son frère ; Philippe et Barthélemy ; Thomas et Matthieu le publicain ; Jacques, fils d'Alphée, et Thaddée ; Simon le Zélote et Judas l'Iscariote, celui-là même qui le livra. Ces douze, Jésus les envoya en mission avec les instructions suivantes : « Ne prenez pas le chemin qui mène vers les nations païennes et n'entrez dans aucune ville des Samaritains. Allez plutôt vers les brebis perdues de la maison d'Israël. Sur votre route, proclamez que le royaume des Cieux est tout proche. »**

### *Prière sur les offrandes*

Accueille favorablement, Seigneur, ces présents que, dans ta miséricorde, tu as donnés à ton Église pour qu'elle puisse te les offrir ; fais qu'ils deviennent, par ta puissance, le sacrement de notre salut. Par le Christ, notre Seigneur.

***— Amen.***

*Antienne de la communion*

Glorifie le Seigneur, Jérusalem :
de la fleur du froment, il te rassasie.
(cf. Ps 147, 12.14)

*OU*

Le pain que je donnerai,
c'est ma chair, donnée pour la vie
du monde, dit le Seigneur.
(Jn 6, 51)

*Prière après la communion*

Que cette communion à ton sacrement, Seigneur, nous procure le salut et qu'elle nous affermisse dans la lumière de ta vérité. Par le Christ, notre Seigneur. — ***Amen.***

## INVITATION

Quelles lectures spirituelles vont ponctuer mon été ? Je peux me rendre dans une librairie catholique près de chez moi pour prendre conseil.

## COMMENTAIRE

**Une mêlée d'Apôtres** Matthieu 10, 1-7

**Les Apôtres forment une équipe diversifiée. Les quatre premiers sont deux fois deux frères, disciples de Jean Baptiste et pêcheurs de la lointaine Galilée. Les deux derniers sont des zélotes, farouches opposants de l'occupant romain. Au milieu, un percepteur d'impôts, assurément riche et proche du pouvoir. Comme eux, Jésus nous appelle chacun par notre prénom. Comme eux, du premier au dernier, nous sommes envoyés en mission. ■**

***Nicolas Tarralle****, prêtre assomptionniste*

# JEUDI 11 JUILLET 2024

COULEUR LITURGIQUE : BLANC

**Saint Benoît**

*VIe siècle. Fondateur du monastère du Mont-Cassin, berceau de l'ordre des bénédictins, il est l'auteur d'une règle monastique qui connut une grande diffusion. Copatron de l'Europe.*



### *Antienne d'ouverture*

**Il y eut un homme, vénérable par sa vie, Benoît, béni par la grâce et par son nom ; ayant quitté la maison et les biens de son père, désireux de plaire à Dieu seul, il rechercha une vie de sainteté.**

### *Gloire à Dieu* (p. 198)

### *Prière*

Seigneur Dieu, tu as fait du bienheureux abbé Benoît un maître spirituel remarquable pour ceux qui se mettent à l'école de ton service ; accorde-nous de ne rien préférer à ton amour et de courir, le cœur dilaté, dans la voie de tes commandements. Par Jésus… ***— Amen.***

*Lectures propres à la fête de saint Benoît.*

## Lecture

du livre des Proverbes (2, 1-9)

*« Aie l'oreille attentive à la sagesse »*

**Mon fils, accueille mes paroles, conserve précieusement mes préceptes, l'oreille attentive à la sagesse, le cœur incliné vers la raison. Oui, si tu fais appel à l'intelligence, si tu invoques la raison, si**

tu la recherches comme l'argent, si tu creuses comme un chercheur de trésor, alors tu comprendras la crainte du Seigneur, tu découvriras la connaissance de Dieu. Car c'est le Seigneur qui donne la sagesse ; connaissance et raison sortent de sa bouche. Il réserve aux hommes droits la réussite : pour qui marche dans l'intégrité, il est un bouclier, gardien des sentiers du droit, veillant sur le chemin de ses fidèles. Alors tu comprendras la justice, le jugement, la droiture, seuls sentiers qui mènent au bonheur.
– Parole du Seigneur.

## *Psaume* 33 (34)

℟ ***Je bénirai le Seigneur en tout temps.***
OU ***Goûtez et voyez comme est bon le Seigneur.***

Je bénirai le Seigneur en tout temps,
sa louange sans cesse à mes lèvres.
Je me glorifierai dans le Seigneur :
que les pauvres m'entendent
et soient en fête ! ℟

Magnifiez avec moi le Seigneur,
exaltons tous ensemble son nom.
Je cherche le Seigneur, il me répond :
de toutes mes frayeurs, il me délivre. ℟

Qui regarde vers lui resplendira,
sans ombre ni trouble au visage.
Un pauvre crie ; le Seigneur entend :
il le sauve de toutes ses angoisses. ℟

L'ange du Seigneur campe alentour
pour libérer ceux qui le craignent.
Goûtez et voyez : le Seigneur est bon !
Heureux qui trouve en lui
son refuge ! ℟

Saints du Seigneur, adorez-le :
rien ne manque
à ceux qui le craignent.

Des riches ont tout perdu, ils ont faim ;
qui cherche le Seigneur
ne manquera d'aucun bien. ℟

*Acclamation de l'Évangile*

***Alléluia. Alléluia.*** Heureux les pauvres de cœur, car le royaume des Cieux est à eux ! ***Alléluia.***

# *Évangile de Jésus Christ*

selon saint Matthieu (19, 27-29)

*« Vous qui m'avez suivi, vous recevrez le centuple »*

**En ce temps-là, Pierre prit la parole et dit à Jésus : « Voici que nous avons tout quitté pour te suivre : quelle sera donc notre part ? » Jésus leur déclara : « Amen, je vous le dis : lors du renouvellement du monde, lorsque le Fils de l'homme siégera sur son trône de gloire, vous qui m'avez suivi, vous siégerez vous aussi sur douze trônes pour juger les douze tribus d'Israël. Et celui qui aura quitté, à cause de mon nom, des maisons, des frères, des sœurs, un père, une mère, des enfants, ou une terre, recevra le centuple, et il aura en héritage la vie éternelle. »**

*Prière sur les offrandes*

Seigneur, regarde avec bienveillance les offrandes que nous te présentons en célébrant le bienheureux Benoît : fais qu'à son exemple, en ne cherchant que toi, nous trouvions à ton service les dons de l'unité et de la paix. Par le Christ, notre Seigneur. ***— Amen.***

*Préface des saints, p. 206.*

### *Antienne de la communion*

Voici le serviteur fidèle et avisé
que le maître a établi sur sa maison,
pour donner à chacun,
en temps voulu, sa part de blé.
(cf. Lc 12, 42)

### *Prière après la communion*

Après avoir reçu le gage de la vie éternelle, nous te prions humblement, Seigneur ; puissions-nous suivre les enseignements du bienheureux Benoît : être fidèles à te servir dans la prière, aimer nos frères avec une ardente charité. Par le Christ, notre Seigneur. ***— Amen.***

## INVITATION

Je peux faire d'un temps de ménage un temps de prière.
Aujourd'hui, en enlevant la poussière, je loue le Seigneur !

## COMMENTAIRE

**Paix virale** Matthieu 19, 27-29

**La paix de Jésus est contagieuse et passe de maison en maison sans être bousculée par les refus : elle leur est plus profonde. Elle est ainsi, plus tard, le premier don du Ressuscité à ses Apôtres apeurés. Au point de devenir la salutation liturgique propre de l'évêque. Donnée aux Apôtres, à leurs successeurs et à chacun de nous, elle a vocation à être partagée, gratuitement. Dans l'adversité traversée, elle nous fait entrevoir le Royaume. ■**

***Nicolas Tarralle**, prêtre assomptionniste*

# VENDREDI 12 JUILLET 2024

**14E SEMAINE DU TEMPS ORDINAIRE COULEUR LITURGIQUE : VERT**

**Temps ordinaire**, *suggestion d'oraisons et d'antiennes n° 20*

7-13

### *Antienne d'ouverture*

**Dieu, notre protecteur, regarde :**
**vois le visage de ton Christ ;**
**un jour dans tes parvis en vaut plus que mille.**
(cf. Ps 83, 10-11)

### *Prière*

Pour ceux qui t'aiment, Seigneur Dieu, tu as préparé des biens que l'œil ne peut voir : répands en nos cœurs la ferveur de ta charité, afin que t'aimant en toute chose et par-dessus tout, nous obtenions de toi l'héritage promis qui surpasse tout désir. Par Jésus… ***— Amen.***

## *Lecture*

du livre du prophète Osée (14, 2-10)

*« Nous ne dirons plus à l'ouvrage de nos mains : "Tu es notre Dieu" »*

**Ainsi parle le Seigneur : Reviens, Israël, au Seigneur ton Dieu ; car tu t'es effondré par suite de tes fautes. Revenez au Seigneur en lui présentant ces paroles : « Enlève toutes les fautes, et accepte ce qui est bon. Au lieu de taureaux, nous t'offrons en sacrifice les paroles de nos lèvres. Puisque les Assyriens ne peuvent pas nous sauver, nous ne monterons plus**

sur des chevaux, et nous ne dirons plus à l'ouvrage de nos mains : "Tu es notre Dieu", car de toi seul l'orphelin reçoit de la tendresse. »
Voici la réponse du Seigneur : Je les guérirai de leur infidélité, je les aimerai d'un amour gratuit, car ma colère s'est détournée d'Israël. Je serai pour Israël comme la rosée, il fleurira comme le lis, il étendra ses racines comme les arbres du Liban. Ses jeunes pousses vont grandir, sa parure sera comme celle de l'olivier, son parfum, comme celui de la forêt du Liban. Ils reviendront s'asseoir à son ombre, ils feront revivre le froment, ils fleuriront comme la vigne, ils seront renommés comme le vin du Liban. Éphraïm ! Peux-tu me confondre avec les idoles ? C'est moi qui te réponds et qui te regarde. Je suis comme le cyprès toujours vert, c'est moi qui te donne ton fruit.
Qui donc est assez sage pour comprendre ces choses, assez pénétrant pour les saisir ? Oui, les chemins du Seigneur sont droits : les justes y avancent, mais les pécheurs y trébuchent.
– Parole du Seigneur.

## *Psaume* 50 (51)

℟ ***Ma bouche annoncera ta louange, Seigneur.***

Pitié pour moi, mon Dieu, dans ton amour,
selon ta grande miséricorde,
efface mon péché.
Lave-moi tout entier de ma faute,
purifie-moi de mon offense. ℟

Mais tu veux au fond de moi la vérité ;
dans le secret, tu m'apprends la sagesse.
Purifie-moi avec l'hysope, et je serai pur ;
lave-moi et je serai blanc,
plus que la neige. ℟

Crée en moi un cœur pur, ô mon Dieu,
renouvelle et raffermis
au fond de moi mon esprit.
Ne me chasse pas loin de ta face,
ne me reprends pas ton esprit saint. ℟

Rends-moi la joie d'être sauvé ;
que l'esprit généreux me soutienne.
Seigneur, ouvre mes lèvres,
et ma bouche annoncera
ta louange. ℟



### *Acclamation de l'Évangile*

***Alléluia. Alléluia.*** Quand il viendra, lui, l'Esprit de vérité, il vous conduira dans la vérité tout entière et il vous fera souvenir de tout ce que je vous ai dit. ***Alléluia.***

## *Évangile de Jésus Christ*

selon saint Matthieu (10, 16-23)

*« Ce n'est pas vous qui parlerez, c'est l'Esprit de votre Père »*

En ce temps-là, Jésus disait à ses Apôtres : « Voici que moi, je vous envoie comme des brebis au milieu des loups. Soyez donc prudents comme les serpents, et candides comme les colombes. Méfiez-vous des hommes : ils vous livreront aux tribunaux et vous flagelleront dans leurs synagogues. Vous serez conduits devant des gouverneurs et des rois à cause de moi : il y aura là un témoignage* pour eux et pour les païens. Quand on vous livrera, ne vous inquiétez pas de savoir ce que vous direz ni comment vous le direz : ce que vous aurez à dire vous sera donné à cette heure-là. Car ce n'est pas vous qui parlerez, c'est l'Esprit de votre Père qui parlera en vous. Le frère livrera son frère à la mort, et le père, son enfant ; les enfants se dresseront contre leurs parents et les feront mettre à mort.

**Vous serez détestés de tous à cause de mon nom ; mais celui qui aura persévéré jusqu'à la fin, celui-là sera sauvé. Quand on vous persécutera dans une ville, fuyez dans une autre. Amen, je vous le dis : vous n'aurez pas fini de passer dans toutes les villes d'Israël quand le Fils de l'homme viendra. »**

### *Prière sur les offrandes*

Accueille, Seigneur, ce que nous présentons pour cette eucharistie où s'accomplit un admirable échange : en offrant ce que tu nous as donné, puissions-nous te recevoir toi-même. Par le Christ, notre Seigneur. — ***Amen.***

### *Antienne de la communion*

Oui, près du Seigneur
est la miséricorde ; près de lui
abonde le rachat. (cf. Ps 129, 7)
*OU*
Je suis le pain vivant, qui est
descendu du ciel, dit le Seigneur ;
si quelqu'un mange de ce pain,
il vivra éternellement. (Jn 6, 51)

### *Prière après la communion*

Par ces sacrements, Seigneur, tu nous as unis au Christ, et nous implorons humblement ta bonté : sur la terre, transforme-nous à son image, pour que nous puissions partager sa vie dans le ciel. Lui qui… — ***Amen.***

## INVITATION

Jésus envoie ses disciples comme des brebis au milieu des loups.
Quand ai-je été une brebis ? Quand ai-je été un loup ?

## COMMENTAIRE

**Paradoxe de la paix du Christ** Matthieu 10, 16-23

**Jésus n'est aucunement naïf concernant la férocité du monde dans lequel il nous envoie. Mais l'adversité annoncée réveille la persévérance et non pas l'inquiétude, la prudence aussi, avec une fraîcheur certaine. Même dans les plus fratricides persécutions, l'Esprit est là pour inspirer les paroles du Père. Nous libérant de toute arrière-pensée, la confiance au nom de Jésus apporte la paix paradoxale de savoir que le loup est frère de la brebis. ■**

***Nicolas Tarralle,*** *prêtre assomptionniste*



## ✲ CLÉ DE LECTURE

**« Un témoignage »** Matthieu 10, 18 *(p. 71)*

**Après la catastrophe de la destruction du Temple, en 70, la communauté matthéenne opère un travail de réflexion : ceux qui viennent du judaïsme sont persécutés par les synagogues locales qui voient en eux des apostats ; les familles se divisent... Ils s'appuient alors sur le souvenir des paroles du Seigneur annonçant en termes apocalyptiques la « venue du Fils de l'homme » : il reviendra avant que toutes les villes d'Israël aient entendu et accueilli la Bonne Nouvelle. Malgré les menaces et les souffrances, ces croyants tiennent bon, ils « persévèrent », et, surtout, ils savent que leur endurance et leur courage deviennent un témoignage, un signe pour les païens : au-delà des frontières d'Israël, leur attitude convainc des païens qui se joignent à eux dans la foi au Christ Ressuscité. ■**

***Roselyne Dupont-Roc,*** *bibliste*

# SAMEDI 13 JUILLET 2024

**14ᴱ SEMAINE DU TEMPS ORDINAIRE** COULEUR LITURGIQUE : VERT

**Temps ordinaire,** *suggestion d'oraisons et d'antiennes n° 21*
*ou* **bienheureuse Vierge Marie,** *voir p. 36*
*ou* **saint Henri**

## *Antienne d'ouverture*

**Incline vers moi ton oreille, Seigneur, exauce-moi.**
**Sauve, ô mon Dieu, ton serviteur qui espère en toi.**
**Prends pitié de moi, Seigneur, toi que j'appelle tout le jour.** (cf. Ps 85, 1-3)

## *Prière*

Seigneur Dieu, toi qui unis les cœurs des fidèles dans une seule volonté : donne à ton peuple d'aimer ce que tu commandes et de désirer ce que tu promets, pour qu'au milieu des changements de ce monde, nos cœurs s'établissent fermement là où se trouvent les vraies joies. Par Jésus… — ***Amen.***

## *Lecture*

du livre du prophète Isaïe (6, 1-8)

*« Je suis un homme aux lèvres impures, et mes yeux ont vu le Roi, le Seigneur de l'univers ! »*

**L'année de la mort du roi Ozias, je vis le Seigneur qui siégeait sur un trône très élevé ; les pans de son manteau remplissaient le Temple. Des séraphins se tenaient au-dessus de lui. Ils avaient chacun six ailes : deux pour se couvrir le visage, deux pour se couvrir les pieds, et deux pour voler. Ils se criaient l'un à l'autre : « Saint ! Saint ! Saint, le Seigneur de**

l'univers ! Toute la terre est remplie de sa gloire. » Les pivots des portes se mirent à trembler à la voix de celui qui criait, et le Temple se remplissait de fumée. Je dis alors : « Malheur à moi ! je suis perdu, car je suis un homme aux lèvres impures, j'habite au milieu d'un peuple aux lèvres impures : et mes yeux ont vu le Roi, le Seigneur de l'univers ! » L'un des séraphins vola vers moi, tenant un charbon brûlant qu'il avait pris avec des pinces sur l'autel. Il l'approcha de ma bouche et dit : « Ceci a touché tes lèvres, et maintenant ta faute est enlevée, ton péché est pardonné. » J'entendis alors la voix du Seigneur qui disait : « Qui enverrai-je ? qui sera notre messager ? » Et j'ai répondu : « Me voici : envoie-moi ! »
– Parole du Seigneur.



## *Psaume* 92 (93)

℟ ***Le Seigneur est roi ; il s'est vêtu de magnificence.***

Le Seigneur est roi ;
il s'est vêtu de magnificence,
le Seigneur a revêtu sa force. ℟

Et la terre tient bon, inébranlable ;
dès l'origine ton trône tient bon,
depuis toujours, tu es. ℟

Tes volontés sont vraiment immuables :
la sainteté emplit ta maison,
Seigneur, pour la suite des temps. ℟

## *Acclamation de l'Évangile*

***Alléluia. Alléluia.*** Si l'on vous insulte pour le nom du Christ, heureux êtes-vous : l'Esprit de Dieu repose sur vous. ***Alléluia.***

## *Évangile de Jésus Christ*

selon saint Matthieu (10, 24-33)

*« Ne craignez pas ceux qui tuent le corps »*

En ce temps-là, Jésus disait à ses Apôtres : « Le disciple n'est pas au-dessus de son maître, ni le serviteur au-dessus de son seigneur. Il suffit que le disciple soit comme son maître, et le serviteur, comme son seigneur. Si les gens ont traité de Béelzéboul le maître de maison, ce sera bien pire pour ceux de sa maison. Ne craignez donc pas ces gens-là; rien n'est voilé qui ne sera dévoilé, rien n'est caché qui ne sera connu. Ce que je vous dis dans les ténèbres, dites-le en pleine lumière; ce que vous entendez au creux de l'oreille, proclamez-le sur les toits. Ne craignez pas ceux qui tuent le corps sans pouvoir tuer l'âme; craignez plutôt celui qui peut faire périr dans la géhenne l'âme aussi bien que le corps. Deux moineaux ne sont-ils pas vendus pour un sou ? Or, pas un seul ne tombe à terre sans que votre Père le veuille. Quant à vous, même les cheveux de votre tête sont tous comptés. Soyez donc sans crainte : vous valez bien plus qu'une multitude de moineaux. Quiconque se déclarera pour moi devant les hommes, moi aussi je me déclarerai pour lui devant mon Père qui est aux cieux. Mais celui qui me reniera devant les hommes, moi aussi je le renierai devant mon Père qui est aux cieux. »

### *Prière sur les offrandes*

Par l'unique sacrifice, offert une fois pour toutes, tu t'es donné, Seigneur, le peuple que tu as adopté ; en ta bienveillance, accorde-nous la grâce de l'unité et de la paix dans ton Église. Par le Christ, notre Seigneur. ***— Amen.***

### *Antienne de la communion*

La terre se rassasie du fruit de tes œuvres, Seigneur, tu fais produire à la terre le pain, et le vin qui réjouit le cœur de l'homme. (cf. Ps 103, 13-15)

*OU*

Qui mange ma chair et boit mon sang a la vie éternelle, dit le Seigneur ; et moi, je le ressusciterai au dernier jour. (Jn 6, 54)

### *Prière après la communion*

Que ta miséricorde agisse en nous, Seigneur, nous t'en prions, et qu'elle nous guérisse entièrement ; par ta bonté, transforme-nous et rends-nous si fervents que nous puissions te plaire en toute chose. Par le Christ, notre Seigneur. ***— Amen.***



## INVITATION

Je peux prier le chapelet de Lourdes en le regardant en direct à 15 h 30 sur le site du sanctuaire www.lourdes-france.org. Ou en l'écoutant sur RCF.

## COMMENTAIRE

**Parole illuminante**

Matthieu 10, 24-33

**Jésus rassure les Apôtres sur la valeur qu'ils ont aux yeux du Père et sur l'attachement qu'il leur porte au cœur des épreuves. Il leur parle dans les ténèbres pour en éclairer l'horizon. Chaque relief sinueux renvoie à la clarté plus profonde d'un élan d'amour à partager. Sa parole est lumineuse : elle ne cache rien et dévoile tout. Que révèle-t-elle alors en nous qui sort douloureusement de l'ombre pour être proclamé sur les toits ? ■**

***Nicolas Tarralle,*** *prêtre assomptionniste*

# DIMANCHE 14 JUILLET 2024

## 15E DIMANCHE DU TEMPS ORDINAIRE

**ANNÉE B – COULEUR LITURGIQUE : VERT**

*« Il commença à les envoyer en mission deux par deux. »* Marc 6, 7

**Jésus envoie les Douze en mission.** Il compte sur eux pour appeler à la conversion et guérir les malades. Pour vivre la mission, les Douze partent deux par deux, vivant ainsi la fraternité qu'ils proclament. Ils ne prennent que le strict nécessaire, manifestant ainsi qu'ils font confiance. Car Dieu veille sur eux. À notre tour, témoignons avec confiance de la Bonne Nouvelle du Seigneur. Le Christ veille sur nous.

## RITES INITIAUX

***Chant d'entrée*** *(Suggestions p. 226)*
*OU*
***Antienne d'ouverture***
Moi, par ta justice, je verrai ta face ;
quand ta gloire se manifestera, je serai rassasié.
(cf. Ps 16, 15)

***Suggestion de préparation pénitentielle*** *(ou p. 196)*
Le Christ nous appelle tous à la conversion. Il chasse le mal et guérit nos cœurs. Avec foi, tournons-nous vers le Seigneur et reconnaissons que nous avons péché.

Seigneur Jésus, tu nous combles des bénédictions de l'Esprit, tu nous appelles à vivre dans la sainteté et dans l'amour. Kyrie, eleison.— ***Kyrie, eleison.***

Ô Christ, tu es venu obtenir pour nous le pardon de nos fautes, la richesse de ta grâce déborde jusqu'à nous en toute sagesse. Christe, eleison. — ***Christe, eleison.***

Seigneur, tu nous invites à vivre à la louange de ta gloire, ta parole de vérité est pour nous un chemin d'espérance et de lumière. Kyrie, eleison. — ***Kyrie, eleison.***

Que Dieu tout-puissant nous fasse miséricorde ; qu'il nous pardonne nos péchés et nous conduise à la vie éternelle. — ***Amen.***

*Gloire à Dieu* *(p. 198)*

*Prière*

Seigneur Dieu, tu montres aux égarés la lumière de ta vérité pour qu'ils puissent reprendre le bon chemin ; donne à tous ceux qui se déclarent chrétiens de rejeter ce qui est contraire à ce nom et de rechercher ce qui lui fait honneur. Par Jésus… ***— Amen.***

## LITURGIE DE LA PAROLE

***Lecture*** du livre du prophète Amos (7, 12-15)

*« Va, tu seras prophète pour mon peuple »*

**En ces jours-là, Amazias, prêtre de Béthel, dit au prophète Amos : « Toi, le voyant, va-t'en d'ici, fuis au pays de Juda ; c'est là-bas que tu pourras gagner ta vie en faisant ton métier de prophète. Mais ici, à Béthel, arrête de prophétiser ; car c'est un sanctuaire royal, un temple du royaume. » Amos répondit à Amazias : « Je n'étais pas prophète ni fils de prophète ; j'étais bouvier, et je soignais les sycomores. Mais le Seigneur m'a saisi quand j'étais derrière le troupeau, et c'est lui qui m'a dit : "Va, tu seras prophète pour mon peuple Israël." »**

– Parole du Seigneur.

## *Psaume* 84 (85)

℟ ***Fais-nous voir, Seigneur, ton amour, et donne-nous ton salut.***

*T. : AELF ; M. : B. Delattre ; Éd. : ADF.*

J'écoute : que dira le Seigneur Dieu ?
Ce qu'il dit, c'est la paix pour son peuple et ses fidèles.
Son salut est proche de ceux qui le craignent,
et la gloire habitera notre terre. ℟

Amour et vérité se rencontrent,
justice et paix s'embrassent ;
la vérité germera de la terre
et du ciel se penchera la justice. ℟

Retrouvez ce psaume sur le CD "Les psaumes de l'année B"

℟ ***Fais-nous voir, Seigneur, ton amour, et donne-nous ton salut.***

Le Seigneur donnera ses bienfaits,
et notre terre donnera son fruit.
La justice marchera devant lui,
et ses pas traceront le chemin. ℟

## *Lecture* de la lettre de saint Paul apôtre aux Éphésiens (1, 3-14)

*(Lecture brève : 1, 3-10)*

*« Il nous a choisis, dans le Christ, avant la fondation du monde »*

**Béni soit Dieu, le Père de notre Seigneur Jésus Christ ! Il nous a bénis et comblés des bénédictions de l'Esprit, au ciel, dans le Christ. Il nous a choisis, dans le Christ, avant la fondation du monde, pour que nous soyons saints, immaculés devant lui, dans l'amour. Il nous a prédestinés à être, pour lui, des fils adoptifs par Jésus, le Christ. Ainsi l'a voulu sa bonté, à la louange de gloire de sa grâce, la grâce qu'il nous donne dans le Fils bien-aimé. En lui, par son sang, nous avons la rédemption, le pardon de nos fautes. C'est la richesse de la grâce que Dieu a fait déborder jusqu'à nous en toute sagesse et intelligence. Il nous dévoile ainsi le mystère de sa volonté, selon que sa bonté l'avait prévu dans le Christ : pour mener les temps à leur plénitude, récapituler toutes choses dans le Christ, celles du ciel et celles de la terre.** *Fin de la lecture brève*

**En lui, nous sommes devenus le domaine particulier de Dieu, nous y avons été prédestinés selon le projet de celui qui réalise**

tout ce qu'il a décidé : il a voulu que nous vivions à la louange de sa gloire, nous qui avons d'avance espéré dans le Christ. En lui, vous aussi, après avoir écouté la parole de vérité, l'Évangile de votre salut, et après y avoir cru, vous avez reçu la marque de l'Esprit Saint. Et l'Esprit promis par Dieu est une première avance sur notre héritage, en vue de la rédemption que nous obtiendrons, à la louange de sa gloire. – Parole du Seigneur.

## *Acclamation de l'Évangile*

***Alléluia. Alléluia.*** Que le Père de notre Seigneur Jésus Christ ouvre à sa lumière les yeux de notre cœur, pour que nous percevions l'espérance que donne son appel. ***Alléluia.***

*T. : AELF ; M. : P. Robert.*

## *Évangile de Jésus Christ* selon saint Marc (6, 7-13)

*« Il commença à les envoyer »*

En ce temps-là, Jésus appela les Douze ; alors il commença à les envoyer en mission deux par deux. Il leur donnait autorité sur les esprits impurs, et il leur prescrivit de ne rien prendre pour la route, mais seulement un bâton ; pas de pain, pas de sac, pas de pièces de monnaie dans leur ceinture. « Mettez des sandales, ne prenez pas de tunique de rechange. » Il leur disait encore : « Quand vous avez trouvé l'hospitalité dans une maison, restez-y jusqu'à votre départ. Si, dans une localité, on refuse de vous accueillir et de vous écouter, partez et secouez la poussière de vos pieds : ce sera pour eux un témoignage. »
Ils partirent, et proclamèrent qu'il fallait se convertir. Ils expulsaient beaucoup de démons, faisaient des onctions d'huile à de nombreux malades, et les guérissaient.

### *Homélie*

### *Profession de foi* (p. 199)

### *Suggestion de prière universelle*

*Le prêtre :*

Le Christ envoie ses disciples proclamer le Bonne Nouvelle du salut à tous les hommes. À Dieu son Père, confions tous les cris de la terre.

℟ ***Notre Père, notre Père, nous te supplions humblement.***

*B 4 Chalet; T. et M. : anonyme.*

*Le diacre ou un lecteur :*

Pour inviter à la conversion et porter la guérison, le Christ a envoyé les Douze sur les routes de Galilée. Pour l'Église, appelée à susciter en son sein de joyeux témoins de la Bonne Nouvelle, prions le Seigneur. ℟

Pour aller à la rencontre des foules, les Douze sont invités à ne prendre que le strict nécessaire. Pour les associations qui vont à la rencontre des plus pauvres et des blessés, prions le Seigneur. ℟

Envoyés sur tous les chemins, les Douze font des onctions d'huile à de nombreux malades. Pour tous ceux qui dispensent le sacrement de l'onction des malades, signe visible de compassion et d'espérance, avec toute l'Église, prions le Seigneur. ℟

℟ ***Notre Père, notre Père, nous te supplions humblement.***

Sur leur route, les Douze ne s'imposent pas et comptent sur l'accueil et l'hospitalité. Pour les vacanciers qui, en cet été, font halte dans notre communauté rassemblée, prions le Seigneur. ℟

*(Ces intentions seront adaptées ou modifiées selon les circonstances.)*

*Le prêtre :*

Dieu notre Père, toi qui veux le salut de tous les hommes, daigne exaucer toutes nos prières. Par le Christ, notre Seigneur. ***— Amen.***

## LITURGIE EUCHARISTIQUE

### *Prière sur les offrandes*

Regarde, Seigneur, les dons de l'Église qui te supplie : accorde à tes fidèles qui vont les recevoir la grâce d'une sainteté plus grande. Par le Christ, notre Seigneur. ***— Amen.***

### *Prière eucharistique* *(Préface des dimanches, p. 202)*

### *Chant de communion* *(Suggestions p. 226)*

*OU*

### *Antienne de la communion*

Celui qui mange ma chair et boit mon sang demeure en moi,
et moi, je demeure en lui, dit le Seigneur.
(Jn 6, 56)

*OU*

Le passereau lui-même s'est trouvé une maison,
et la tourterelle, un nid pour abriter sa couvée :
tes autels, Seigneur de l'univers,
mon Roi et mon Dieu !
Heureux les habitants de ta maison :
ils te loueront pour les siècles des siècles.
(cf. Ps 83, 4-5)

### *Prière après la communion*

Nous avons reçu tes bienfaits, Seigneur, et nous te supplions : chaque fois que nous célébrons ce mystère, fais grandir en nous ton œuvre de salut. Par le Christ, notre Seigneur. – ***Amen.***

## RITE DE CONCLUSION

### *Bénédiction*

### *Envoi*

## COMMENTAIRE DU DIMANCHE

**Karem Bustica,** rédactrice en chef de *Prions en Église*

# Mission impossible ?

En 750 avant J.-C., Dieu envoie Amos prophétiser à Béthel, un sanctuaire situé à une vingtaine de kilomètres au nord de Jérusalem. À cette époque, la région prospère, connaissant la paix et l'abondance, surtout pour les riches, y compris les religieux. Lorsque le berger Amos vient prophétiser contre le traitement réservé aux pauvres, son message est rejeté. Renvoyé chez lui, Amos assoit sa légitimité dans l'appel reçu de Dieu. C'est du Seigneur qu'il tient sa mission.

Le récit de Marc nous transporte environ 750 ans plus tard. Jésus envoie ses disciples en mission, les chargeant de prêcher et de guérir les maladies du corps et de l'âme. Ils partent deux par deux. Eux aussi font face au refus de leur témoignage. Leur message est exigeant. Les envoyés n'emportent pas grand-chose, si

ce n'est la certitude de l'appel et l'expérience d'avoir rencontré Jésus.
Deux millénaires plus tard, nous voici à leur place. Le synode actuel nous rappelle que depuis les origines, nous sommes envoyés ensemble pour écouter l'Esprit, pour converser les uns avec les autres, pour nous éclairer et progresser sur le chemin de la mission. Comme au temps de Jésus, nous sommes peu nombreux et nos moyens restent modestes. Mais malgré nos maladresses ou nos manques de courage, Jésus ne cesse de nous envoyer annoncer l'Évangile en milieu hostile. Sommes-nous prêts à fonder notre engagement sur l'appel de Jésus ?

Quelle lecture résonne particulièrement pour moi aujourd'hui ?

Qu'est-ce qui me donne de la joie dans la mission ? ■

PrionsenEglise junior

## LIRE L'ÉVANGILE AVEC LES ENFANTS

### CE QUE JE DÉCOUVRE

C'est les vacances ! Il faut faire les bagages et penser à tout… **On a toujours peur de manquer de quelque chose.** Mais quand Jésus envoie ses disciples annoncer la Bonne Nouvelle, il leur dit de prendre seulement un bâton. **Jésus veut qu'on lui fasse confiance :** nous n'avons rien à craindre, car il est toujours avec nous. Dans mes bagages, je n'emporte ni mes soucis ni mes peurs. **J'emporte Jésus, et je ne manquerai de rien.**

### CE QUE JE VIS

Jésus t'envoie, qu'est-ce que tu emportes ? Et qu'est-ce que tu n'emportes surtout pas ? **En vacances, comme les Apôtres, essaie de te faire de nouveaux amis. Et remercie Jésus pour ces belles rencontres, pleines de promesses !**

Texte : Cédric Kuntz. Illustrations : Marcelino Truong

**MÉDITATION BIBLIQUE**

**15E DIMANCHE DU TEMPS ORDINAIRE**

Psaume 84 (85)

# La venue de la paix

**La paix n'advient qu'à certaines conditions et la vérité, qui provient d'un effort commun pour l'établir, en est une.**

## Le temps de la préparation

**« Le Seigneur donnera ses bienfaits, et notre terre donnera son fruit. La justice marchera devant lui, et ses pas traceront le chemin. » (Ps 84, 13-14)**

## Le temps de l'observation

Le psaume raconte les modalités pour que la paix advienne. Parmi elles, il est dit que « la vérité germera de la terre et du ciel se penchera la justice ». Selon cette proposition, la paix sur terre a besoin d'une vérité qui ne soit pas que transcendante. La vérité dont il est question ne tombe pas d'en haut, elle ne descend pas. Même si Dieu en est le seul garant, la vérité nécessaire à la paix provient de l'effort fait ensemble pour l'établir. Construire la paix, c'est d'abord la faire pousser. Celle-ci est appelée à germer de la terre, de nos rencontres et de nos discussions. La justice, •••

… elle, fait le chemin inverse. Si tout groupe humain doit établir le droit et rendre des décisions justes, cette justice est présentée comme insuffisante. Dieu la compense en se penchant sur la terre. Il veille en ayant le souci de rétablir les personnes. D'une manière que lui seul connaît, il récrée en permanence un équilibre.

## Le temps de la méditation

Ce verset déconcerte une logique selon laquelle la vérité descendrait de Dieu et les humains seraient en charge de la justice. Dans un contexte de recherche de paix, le texte raconte qu'il s'agit de faire notre possible pour que la vérité germe. Cela signifie qu'elle demande notre contribution et que rien ne doit étouffer ou assécher son établissement. La vérité devrait être une préoccupation commune quotidienne. Non pas une vérité qui écrase et diminue, mais une vérité dont l'établissement fait grandir. Le développement d'une vérité qui germe est long, fragile et ne se fait pas sans conditions. La parole est au cœur de son advenue. Pas de vérité sans une parole osée, entendue, partagée. Pas d'établissement d'une vérité qui germe sans un dialogue qui permet un consentement autour d'une nouvelle lumière sur le réel. La paix ne se fera pas sans notre accord. Les doux, qui comprennent la terre, en sont les meilleurs jardiniers.

## Le temps de la prière

**« J'écoute : que dira le Seigneur Dieu ? Ce qu'il dit, c'est la paix pour son peuple et ses fidèles ; qu'ils ne reviennent jamais à leur folie ! » (Ps 84, 9)** ■

**Marie-Laure Durand,**
bibliste

L'ÉVÉNEMENT

16 JUILLET 2024

# Pèlerinage à Avioth

**À Notre-Dame d'Avioth, en Lorraine, un pèlerinage est organisé à la basilique chaque 16 juillet en l'honneur de la Vierge Marie.**

Le samedi 16 juillet, jour de la fête de Notre-Dame du Mont Carmel, un pèlerinage est organisé à la basilique Notre-Dame d'Avioth (55). Une équipe constituée de six membres organise dès avril ce rassemblement. Invitations, préparation des services, cuisine, nettoyage de la basilique, création d'affiches… toutes les tâches sont planifiées en amont.

Les trois religieuses salésiennes de la Visitation en mission sur le site font partie de l'équipe organisatrice du pèlerinage, qui regroupe chaque année 400 à 500 personnes. Depuis le XIIe siècle, les pèlerins affluent de …

Notre Dame d'Avioth

© Avioth

••• toutes parts mais surtout du nord du pays, de Belgique et du Luxembourg, pour venir prier la Vierge Marie.

Les participants se rendent au pèlerinage car « ils croient en l'intercession de la Vierge Marie pour nous auprès de son Fils », explique sœur Marthe Kapumba, à Avioth depuis deux ans, qui insiste sur la forte dévotion populaire autour de la Vierge locale. La journée débute par une messe célébrée à 10 h 30, présidée par Mgr Philippe Ballot, évêque de Metz en présence de Mgr Jean-Paul Gusching, évêque du lieu, ainsi que de nombreux prêtres des environs. L'eucharistie est suivie d'un pique-nique. La procession avec la statue de Notre-Dame d'Avioth s'élance dans les rues du village dès 15 heures. Tout le long des deux kilomètres du parcours, la cohorte récite un chapelet. ■

**Anne-Quitterie Jozeau,** journaliste

## CONFIEZ VOTRE PRIÈRE À NOTRE-DAME D'AVIOTH

À l'occasion de l'année de la prière, *Prions en Église* s'associe avec vingt-six sanctuaires mariaux en France. Du 1er au 14 juillet, c'est Notre-Dame d'Avioth qui est mis en avant.
Vous pouvez écrire votre intention de prière à la Vierge Marie dans l'application (en scannant le QR code ci-contre) et sur le site : https://prionseneglise.onelink.me/Xbfc/exwxuw8f
La rédaction la transmettra au sanctuaire.

*Une prière* de Normand Provencher, pour ce dimanche

# Merci Seigneur

Dieu, notre Père, pour le bonheur de tous les humains,
tu as envoyé Jésus, ton Fils unique, menuisier du petit
village de Nazareth, pour qu'il révèle au monde entier
ta générosité et ta tendresse sans limites.
Nous te disons merci.
Tu as choisi Amos, un éleveur de troupeau, pour qu'il parle
et agisse en ton nom. Tu as confié ta Bonne Nouvelle
aux Apôtres, des pêcheurs du lac de Galilée. Leur message
nous est parvenu, nous apportant lumière et joie de vivre.
Nous te disons merci.
En Jésus, dès avant la création du monde,
tu nous as destinés à devenir tes fils et tes filles,
des envoyés et des prophètes. Tu veux bien avoir besoin
de nous pour annoncer l'Évangile par nos mots
et nos gestes, et ouvrir les cœurs à ta présence.
Nous te disons merci.

# LUNDI 15 JUILLET 2024

**15E SEMAINE DU TEMPS ORDINAIRE** COULEUR LITURGIQUE : BLANC

**Saint Bonaventure**

*1221-1274. En 1257, cet éminent théologien devint le septième ministre général de l'ordre des Frères mineurs qu'il dirigea avec sagesse. Docteur de l'Église.*

## *Antienne d'ouverture*

**Je m'occuperai de mes brebis, je veillerai sur elles, dit le Seigneur, je susciterai à leur tête un seul berger. Moi, le Seigneur, je serai leur Dieu.** (cf. Ez 34, 11.23-24)

*OU* **Voici l'intendant fidèle et avisé que le maître a établi sur sa maison, pour donner à chacun, en temps voulu, sa part de blé.** (cf. Lc 12, 42)

## *Prière*

Accorde-nous, Dieu tout-puissant, tandis que nous célébrons la naissance au ciel de l'évêque saint Bonaventure, de mettre à profit les richesses de son enseignement, et de prendre toujours exemple sur sa brûlante charité. Par Jésus… — ***Amen.***

## *Lecture*

du livre du prophète Isaïe (1, 10-17)

*« Lavez-vous, purifiez-vous, ôtez de ma vue vos actions mauvaises »*

**Écoutez la parole du Seigneur, vous qui êtes pareils aux chefs de Sodome* ! Prêtez l'oreille à l'enseignement de notre Dieu, vous, peuple de Gomorrhe ! Que m'importe le nombre de vos sacrifices ? – dit le Seigneur. Les holocaustes de béliers, la graisse des veaux, j'en suis rassasié. Le sang des taureaux, des agneaux et des boucs, je n'y prends pas plaisir. Quand vous**

venez vous présenter devant ma face, qui vous demande de fouler mes parvis ? Cessez d'apporter de vaines offrandes ; j'ai horreur de votre encens. Les nouvelles lunes, les sabbats, les assemblées, je n'en peux plus de ces crimes et de ces fêtes. Vos nouvelles lunes et vos solennités, moi, je les déteste : elles me sont un fardeau, je suis fatigué de le porter. Quand vous étendez les mains, je détourne les yeux. Vous avez beau multiplier les prières, je n'écoute pas : vos mains sont pleines de sang. Lavez-vous, purifiez-vous, ôtez de ma vue vos actions mauvaises, cessez de faire le mal. Apprenez à faire le bien : recherchez le droit, mettez au pas l'oppresseur, rendez justice à l'orphelin, défendez la cause de la veuve. – Parole du Seigneur.



## *Psaume* 49 (50)

℟ ***À celui qui veille sur sa conduite, je ferai voir le salut de Dieu.***

« Je ne t'accuse pas pour tes sacrifices ;
tes holocaustes sont toujours devant moi.
Je ne prendrai pas un seul
taureau de ton domaine,
pas un bélier de tes enclos. ℟

« Qu'as-tu à réciter mes lois,
à garder mon alliance à la bouche,
toi qui n'aimes pas les reproches
et rejettes loin de toi mes paroles ? ℟

« Voilà ce que tu fais ;
garderai-je le silence ?
Penses-tu que je suis comme toi ?
Je mets cela sous tes yeux,
et je t'accuse. ℟

« Qui offre le sacrifice d'action de grâce,
celui-là me rend gloire :
sur le chemin qu'il aura pris,
je lui ferai voir le salut de Dieu. » ℟

### *Acclamation de l'Évangile*

***Alléluia. Alléluia.*** Heureux ceux qui sont persécutés pour la justice, car le royaume des Cieux est à eux ! ***Alléluia.***

## Évangile de Jésus Christ

selon saint Matthieu (10, 34 – 11, 1)

*« Je ne suis pas venu apporter la paix, mais le glaive »*

**En ce temps-là, Jésus disait à ses Apôtres : « Ne pensez pas que je sois venu apporter la paix sur la terre : je ne suis pas venu apporter la paix, mais le glaive. Oui, je suis venu séparer l'homme de son père, la fille de sa mère, la belle-fille de sa belle-mère : on aura pour ennemis les gens de sa propre maison. Celui qui aime son père ou sa mère plus que moi n'est pas digne de moi ; celui qui aime son fils ou sa fille plus que moi n'est pas digne de moi ; celui qui ne prend pas sa croix et ne me suit pas n'est pas digne de moi. Qui a trouvé sa vie la perdra ; qui a perdu sa vie à cause de moi la trouvera. Qui vous accueille m'accueille ; et qui m'accueille accueille Celui qui m'a envoyé. Qui accueille un prophète en sa qualité de prophète recevra une récompense de prophète ; qui accueille un homme juste en sa qualité de juste recevra une récompense de juste. Et celui qui donnera à boire, même un simple verre d'eau fraîche, à l'un de ces petits en sa qualité de disciple, amen, je vous le dis : non, il ne perdra pas sa récompense. »**

**Lorsque Jésus eut terminé les instructions qu'il donnait à ses douze disciples, il partit de là pour enseigner et proclamer la Parole dans les villes du pays.**

## *Prière sur les offrandes*

En cette fête de saint Bonaventure, Seigneur, nous t'en prions, regarde avec bonté les offrandes que nous déposons sur l'autel qui t'est consacré ; en nous procurant ton pardon, qu'elles servent à la gloire de ton nom. Par le Christ, notre Seigneur. — ***Amen.***

## *Antienne de la communion*

Ce n'est pas vous qui m'avez choisi,
dit le Seigneur, c'est moi qui vous ai choisis et établis, afin que vous alliez,
que vous portiez du fruit,
et que votre fruit demeure.
(cf. Jn 15, 16)

*OU*

Heureux ce serviteur que le maître,
quand il arrivera et frappera à la porte,
trouvera en train de veiller.
(cf. Lc 12, 36-37)

## *Prière après la communion*

Déjà rénovés par ces mystères très saints, nous te supplions humblement, Seigneur : puissions-nous, en prenant exemple sur saint Bonaventure, professer ce qu'il a cru et pratiquer ce qu'il a enseigné. Par le Christ, notre Seigneur. — ***Amen.***



## INVITATION

Un peu de mon temps, un peu d'argent, un sourire…
Que vais-je donner gratuitement aujourd'hui ?

## COMMENTAIRE

**Des choix radicaux** Matthieu 10, 34 – 11, 1

**Les paroles du Christ nous font trembler sur nos bases, lui « doux et humble de cœur » annonce tout de go : « Je ne suis pas venu apporter la paix, mais le glaive. » S'adressant aux disciples envoyés en mission, il les avertit : mettre leurs pas dans les siens impose des choix radicaux. Dire oui au Fils de Dieu, c'est refuser ce qui fait obstacle à la venue du Royaume, en adoptant le style de Jésus, tendre avec les pécheurs, prompt au pardon. ■**

***Bénédicte de la Croix,*** *cistercienne*

## ❊ CLÉ DE LECTURE

**« Sodome »** Isaïe 1, 10 *(p. 96)*

**Le livre d'Isaïe s'ouvre par une mise en cause violente du comportement religieux de ceux qui viennent prier au Temple et offrir des sacrifices : « Chefs de Sodome [...], peuple de Gomorrhe ! » Les voilà assimilés aux villes que Dieu a détruites malgré l'intercession d'Abraham. Elles représentent la perversion extrême de ceux qui exploitent l'être humain pour leur propre plaisir ou leur propre profit, et qui viennent prier et supplier le Seigneur, à peine conscients de l'hypocrisie odieuse de leur conduite ! L'exhortation est urgente, elle vaut pour chaque époque : que chacun renonce à ses pratiques de domination et apprenne le respect du faible et le service du pauvre. Le Seigneur ne demande pas d'actes pieux, mais des actes publics et sans ambiguïté. ■**

***Roselyne Dupont-Roc,*** ***bibliste***

**Temps ordinaire,** *suggestion d'oraisons et d'antiennes n° 22*
*ou* **bienheureuse Vierge Marie du Mont Carmel**

14 - 20

### *Antienne d'ouverture*

**Prends pitié de moi, Seigneur,**
**car j'ai crié vers toi tout le jour, toi qui es bon et qui pardonnes,**
**plein de miséricorde pour tous ceux qui t'appellent.**
(cf. Ps 85, 3.5)

### *Prière*

Dieu de l'univers, de qui vient tout don parfait, enracine en nos cœurs l'amour de ton nom ; augmente notre foi pour développer ce qui est bon en nous ; veille sur nous avec sollicitude pour protéger ce que tu as fait grandir. Par Jésus…
***— Amen.***

## *Lecture*

du livre du prophète Isaïe (7, 1-9)

*« Si vous ne croyez pas, vous ne pourrez pas tenir »*

**Au temps d'Acaz, roi de Juda, Recine, roi d'Aram, et Pékah, fils de Remalyahou, roi d'Israël, montèrent contre Jérusalem pour l'attaquer, mais ils ne purent lui donner l'assaut. On informa la maison de David que les Araméens avaient pris position en Éphraïm.**
**Alors le cœur du roi et le cœur de son peuple furent secoués comme**

les arbres de la forêt sont secoués par le vent. Le Seigneur dit alors à Isaïe : « Avec ton fils Shear-Yashoub (c'est-à-dire : "Un-reste-reviendra"), va trouver Acaz, au bout du canal du réservoir supérieur, sur la route du Champ-du-Foulon. Tu lui diras : "Garde ton calme, ne crains pas, ne va pas perdre cœur devant ces deux bouts de tisons fumants, à cause de la colère brûlante du roi d'Aram et du roi d'Israël. Oui, Aram a décidé ta perte, en accord avec Éphraïm et son roi. Ils se sont dit : Marchons contre le royaume de Juda, pour l'intimider, et nous le forcerons à se rendre ; alors, nous lui imposerons comme roi le fils de Tabéel. Ainsi parle le Seigneur Dieu : Cela ne durera pas, ne sera pas, que la capitale d'Aram soit Damas, et Recine, le chef de Damas, que la capitale d'Éphraïm soit Samarie, et le fils de Remalyahou, chef de Samarie. – Dans soixante-cinq ans, Éphraïm, écrasé, cessera d'être un peuple. Mais vous, si vous ne croyez pas, vous ne pourrez pas tenir*." »

– Parole du Seigneur.

## *Psaume* 47 (48)

℟ ***Jérusalem, ville de Dieu, Dieu l'affermira pour toujours !***

Il est grand, le Seigneur, hautement loué,
dans la ville de notre Dieu,
sa sainte montagne, altière et belle,
joie de toute la terre. ℟

La montagne de Sion, c'est le pôle du monde,
la cité du grand roi ;
Dieu se révèle, en ses palais,
vraie citadelle. ℟

Voici que des rois s'étaient ligués,
ils avançaient tous ensemble ;
ils ont vu, et soudain stupéfaits,
pris de panique, ils ont fui. R/

Et voilà qu'un tremblement les saisit :
douleurs de femme qui accouche ;
un vent qui souffle du désert
a brisé les vaisseaux de Tarsis. R/

### *Acclamation de l'Évangile*

***Alléluia. Alléluia.*** Aujourd'hui, ne fermez pas votre cœur, mais écoutez la voix du Seigneur. ***Alléluia.***

## *Évangile de Jésus Christ*

selon saint Matthieu (11, 20-24)

*« Au jour du Jugement, Tyr et Sidon et le pays de Sodome seront traités moins sévèrement que vous »*

En ce temps-là, Jésus se mit à faire des reproches aux villes où avaient eu lieu la plupart de ses miracles, parce qu'elles ne s'étaient pas converties : « Malheureuse es-tu, Corazine ! Malheureuse es-tu, Bethsaïde ! Car, si les miracles qui ont eu lieu chez vous avaient eu lieu à Tyr et à Sidon, ces villes, autrefois, se seraient converties, sous le sac et la cendre. Aussi, je vous le déclare : au jour du Jugement, Tyr et Sidon seront traitées moins sévèrement que vous. Et toi, Capharnaüm, seras-tu donc élevée jusqu'au ciel ? Non, tu descendras jusqu'au séjour des morts ! Car, si les miracles qui ont eu lieu chez toi avaient eu lieu à Sodome, cette ville serait encore là aujourd'hui. Aussi, je vous le déclare : au jour du Jugement, le pays de Sodome sera traité moins sévèrement que toi. »

*Prière sur les offrandes*

Que cette offrande sainte nous apporte à jamais, Seigneur, la bénédiction du salut, afin qu'elle donne toute sa force à ce qu'elle accomplit dans le sacrement. Par le Christ, notre Seigneur. – ***Amen.***

*Antienne de la communion*

Qu'ils sont grands, tes bienfaits,
Seigneur ! Tu les réserves
à ceux qui te craignent.
(Ps 30, 20)
*OU*
Heureux les artisans de paix,
car ils seront appelés fils de Dieu.
Heureux ceux qui sont
persécutés pour la justice,
car le royaume des Cieux est à eux.
(Mt 5, 9-10)

*Prière après la communion*

Rassasiés par le pain reçu à la table du ciel, nous te prions, Seigneur : que cette nourriture fortifie en nos cœurs la charité, et nous stimule à te servir dans nos frères. Par le Christ, notre Seigneur. – ***Amen.***

**INVITATION**

En cette fête de Notre-Dame du Mont Carmel, je peux prier particulièrement pour la famille carmélitaine.

## COMMENTAIRE

### Tendons l'oreille

Matthieu 11, 20-24

**Dans les invectives lancées par Jésus sur les villes où il a accompli des miracles résonne le cœur de Dieu. Quoi de plus douloureux, en effet, pour le Christ que de constater l'endurcissement de ses contemporains ? Il a beau multiplier les guérisons, sa voix ne porte pas. Une invitation pressante à prêter l'oreille à la Bonne Nouvelle durant nos vacances, sans nous laisser happer par le bruit assourdissant d'une actualité tragique.** ■

***Bénédicte de la Croix**, cistercienne*



## ❊ CLÉ DE LECTURE

### « Vous ne pourrez pas tenir »

Isaïe 7, 9 *(p. 102)*

**L'hébreu joue sur les mots : le même verbe est employé deux fois, construit sur la racine de « l'amen », de la solidité, de ce qui tient bon et sur quoi on peut s'appuyer. Il est d'abord à l'actif, puis au passif : « Si vous ne tenez pas ferme, vous ne serez pas affermis. » Car les projets des hommes ne durent pas ; le seul ferme, inébranlable, c'est le Dieu qui s'est engagé envers nous. Croire, c'est accepter de s'appuyer sur la solidité de Dieu, de faire confiance au Dieu fidèle. Celui qui s'appuie sur lui tiendra, car Dieu lui donnera sa propre solidité : alors, dans les tourments de l'histoire et de vos vies, vous serez affermis, vous pourrez tenir ! La Bible du Rabbinat traduit admirablement : « Si vous manquez de confiance, vous manquerez d'avenir. »** ■

***Roselyne Dupont-Roc**, bibliste*

# MERCREDI 17 JUILLET 2024

**15E SEMAINE DU TEMPS ORDINAIRE COULEUR LITURGIQUE : VERT**

**Temps ordinaire,** *suggestion d'oraisons et d'antiennes n° 23*

### *Antienne d'ouverture*

**Toi, tu es juste, Seigneur, tu es droit dans ton jugement.**
**Agis pour ton serviteur selon ta miséricorde.** (cf. Ps 118, 137.124a)

### *Prière*

Seigneur Dieu, par toi nous vient la rédemption, par toi nous est donnée l'adoption filiale ; dans ta bonté, regarde avec amour tes enfants ; à ceux qui croient au Christ, accorde la vraie liberté et la vie éternelle en héritage. Par Jésus… ***— Amen.***

## *Lecture*

du livre du prophète Isaïe (10, 5-7.13-16)

*« Le ciseau se glorifie-t-il aux dépens de celui qui s'en sert pour tailler ? »*

**Ainsi parle le Seigneur : Malheureux ! Assour, l'instrument de ma colère, le bâton de mon courroux. Je l'envoie contre une nation impie, je lui donne mission contre un peuple qui excite ma fureur, pour le mettre au pillage et emporter le butin, pour le piétiner comme la boue des chemins. Mais Assour ne l'entend pas ainsi, ce n'est pas du tout ce qu'il pense : ce qu'il veut, c'est détruire, exterminer quantité de nations. Car le roi d'Assour a dit : « C'est par la vigueur de ma main que j'ai agi, et par ma sagesse, car j'ai l'intelligence. J'ai déplacé les frontières des peuples,**

j'ai pillé leurs réserves ; fort entre les forts, j'ai détrôné des puissants. J'ai mis la main sur les richesses des peuples, comme sur un nid. Comme on ramasse des œufs abandonnés, j'ai ramassé toute la terre, et il n'y a pas eu un battement d'aile, pas un bec ouvert, pas un cri. » Mais le ciseau se glorifie-t-il aux dépens de celui qui s'en sert pour tailler ? La scie va-t-elle s'enfler d'orgueil aux dépens de celui qui la tient ? Comme si le bâton faisait mouvoir la main qui le brandit, comme si c'était le bois qui brandissait l'homme ! C'est pourquoi le Seigneur Dieu de l'univers fera dépérir les soldats bien nourris du roi d'Assour, et au lieu de sa gloire s'allumera un brasier, le brasier d'un incendie.
– Parole du Seigneur.



## *Psaume* 93 (94)

℟ ***Le Seigneur ne délaisse pas son peuple.***

C'est ton peuple, Seigneur, qu'ils piétinent,
et ton domaine qu'ils écrasent ;
ils massacrent la veuve et l'étranger,
ils assassinent l'orphelin. ℟

Ils disent : « Le Seigneur ne voit pas,
le Dieu de Jacob ne sait pas ! »
Sachez-le, esprits vraiment stupides ;
insensés, comprendrez-vous un jour ? ℟

Lui qui forma l'oreille, il n'entendrait pas ?
Il a façonné l'œil, et il ne verrait pas ?
Il a puni des peuples et ne châtierait plus,
lui qui donne aux hommes la connaissance ? ℟

Le Seigneur ne délaisse pas son peuple,
il n'abandonne pas son domaine :
on jugera de nouveau selon la justice ;
tous les hommes droits applaudiront. ℟

### *Acclamation de l'Évangile*

***Alléluia. Alléluia.*** Tu es béni, Père, Seigneur du ciel et de la terre, tu as révélé aux tout-petits les mystères du Royaume ! ***Alléluia.***

## *Évangile de Jésus Christ*

selon saint Matthieu (11, 25-27)

*« Ce que tu as caché aux sages et aux savants, tu l'as révélé aux tout-petits »*

**En ce temps-là, Jésus prit la parole et dit : « Père, Seigneur du ciel et de la terre, je proclame ta louange : ce que tu as caché aux sages et aux savants, tu l'as révélé aux tout-petits. Oui, Père, tu l'as voulu ainsi dans ta bienveillance. Tout m'a été remis par mon Père ; personne ne connaît le Fils, sinon le Père, et personne ne connaît le Père, sinon le Fils, et celui à qui le Fils veut le révéler. »**

### *Prière sur les offrandes*

Seigneur Dieu, source de la piété véritable et de la paix, nous t'en prions, accorde-nous d'honorer dignement ta gloire par cette offrande ; que, dans la participation fidèle aux saints mystères, nous prenions davantage conscience de notre unité. Par le Christ, notre Seigneur. ***— Amen.***

### *Antienne de la communion*

Comme un cerf altéré
cherche la source des eaux,
ainsi mon âme te désire, toi, mon Dieu.
Mon âme a soif de Dieu,
le Dieu vivant et fort.
(cf. Ps 41, 2-3)

*OU*

Je suis la lumière du monde,
dit le Seigneur.
Celui qui me suit ne marchera pas
dans les ténèbres,
il aura la lumière de la vie.
(Jn 8, 12)

### *Prière après la communion*

Par ta parole, Seigneur, et par le sacrement du ciel, tu nourris tes fidèles et tu les fais vivre : accorde-nous de si bien profiter de tels dons que nous soyons associés pour toujours à la vie de ton Fils bien-aimé. Lui qui… ***— Amen.***

## INVITATION

Sur mon lieu de vacances, ou près de chez moi, je peux entrer dans une église, allumer une bougie et confier une personne de mon entourage.



## COMMENTAIRE

### Orienté vers le Père

Matthieu 11, 25-27

**En présence de la foi des tout-petits, nous surprenons Jésus en flagrant délit d'émerveillement. Spontanément, sa louange reflue vers la source de tout bien, celui qu'il nomme « Père ». Cette « tournure filiale » révèle l'orientation profonde de son être dans les moments de joie intense comme au creux de la détresse. C'est dans l'intimité de cette relation qu'il désire nous introduire pour conduire notre humanité à son plein épanouissement.** ■

***Bénédicte de la Croix**, cistercienne*

# JEUDI 18 JUILLET 2024

15E SEMAINE DU TEMPS ORDINAIRE COULEUR LITURGIQUE : VERT

**Temps ordinaire,** *suggestion d'oraisons et d'antiennes n° 24*

### *Antienne d'ouverture*

**Donne la paix, Seigneur, à ceux qui t'attendent ;**
**que tes prophètes soient reconnus dignes de foi.**
**Écoute les prières de ton serviteur, et de ton peuple Israël.** (cf. Si 36, 21-22)

### *Prière*

Dieu créateur et maître de tout, pose sur nous ton regard, et pour que nous ressentions l'effet de ton pardon, accorde-nous de te servir avec un cœur sans partage. Par Jésus… ***— Amen.***

## *Lecture*

du livre du prophète Isaïe (26, 7-9.12.16-19)

*« Ils se réveilleront, crieront de joie, ceux qui demeurent dans la poussière »*

**Il est droit, le chemin du juste ; toi qui es droit, tu aplanis le sentier du juste. Oui, sur le chemin de tes jugements, Seigneur, nous t'espérons. Dire ton nom, faire mémoire de toi, c'est le désir de l'âme. Mon âme, la nuit, te désire, et mon esprit, au fond de moi, te guette dès l'aurore. Quand s'exercent tes jugements sur la terre, les habitants du monde apprennent la justice. Seigneur, tu nous assures la paix : dans toutes nos œuvres, toi-même agis pour nous. Seigneur, dans la détresse on a recours à toi ; quand**

tu envoies un châtiment, on s'efforce de le conjurer. Nous étions devant toi, Seigneur, comme la femme enceinte sur le point d'enfanter, qui se tord et crie dans les douleurs. Nous avons conçu, nous avons été dans les douleurs, mais nous n'avons enfanté que du vent : nous n'apportons pas le salut à la terre, nul habitant du monde ne vient à la vie. Tes morts revivront, leurs cadavres se lèveront. Ils se réveilleront, crieront de joie, ceux qui demeurent dans la poussière, car ta rosée, Seigneur, est rosée de lumière, et le pays des ombres redonnera la vie. – Parole du Seigneur.

## Psaume 101 (102)



℟ ***Du ciel, le Seigneur regarde la terre.***

Toi, Seigneur, tu es là pour toujours ;
d'âge en âge on fera mémoire de toi.
Toi, tu montreras ta tendresse pour Sion ;
il est temps de la prendre en pitié :
l'heure est venue.
Tes serviteurs ont pitié de ses ruines,
ils aiment jusqu'à sa poussière. ℟

Les nations craindront le nom du Seigneur,
et tous les rois de la terre, sa gloire :
quand le Seigneur rebâtira Sion,
quand il apparaîtra dans sa gloire,
il se tournera vers la prière du spolié,
il n'aura pas méprisé sa prière. ℟

Que cela soit écrit pour l'âge à venir,
et le peuple à nouveau créé chantera son Dieu :
« Des hauteurs, son sanctuaire,
le Seigneur s'est penché ;
du ciel, il regarde la terre
pour entendre la plainte des captifs
et libérer ceux qui devaient mourir. » ℟

### *Acclamation de l'Évangile*

***Alléluia. Alléluia.*** Venez à moi, vous tous qui peinez sous le poids du fardeau, dit le Seigneur, et moi, je vous procurerai le repos. ***Alléluia.***

## *Évangile de Jésus Christ*

selon saint Matthieu (11, 28-30)

*« Je suis doux et humble de cœur »*

**En ce temps-là, Jésus prit la parole et dit : « Venez à moi, vous tous qui peinez sous le poids du fardeau, et moi, je vous procurerai le repos. Prenez sur vous mon joug, devenez mes disciples, car je suis doux et humble de cœur, et vous trouverez le repos pour votre âme. Oui, mon joug est facile à porter, et mon fardeau, léger. »**

### *Prière sur les offrandes*

Sois favorable à nos supplications, Seigneur, et dans ta bonté accueille les offrandes de ceux qui te servent : que les dons offerts par chacun en l'honneur de ton nom soient utiles au salut de tous. Par le Christ, notre Seigneur. ***— Amen.***

### *Antienne de la communion*

Qu'elle est précieuse, ta miséricorde,
ô mon Dieu ! Les hommes
trouvent refuge à l'ombre de tes ailes.
(cf. Ps 35, 8)

*OU*

La coupe de bénédiction
que nous bénissons est
communion au sang du Christ.
Le pain que nous rompons est
participation au corps du Seigneur.
(cf. 1 Co 10, 16)

### *Prière après la communion*

Que la force agissante de ce don divin, nous t'en prions, Seigneur, saisisse nos esprits et nos corps, afin que son influence, et non pas notre sentiment, prédomine toujours en nous. Par le Christ, notre Seigneur. **— *Amen.***



## INVITATION

J'écris une carte postale à une personne que je sais peiner sous le fardeau.

## COMMENTAIRE

### Surprenant

Matthieu 11, 28-30

**Après nous avoir bousculés en début de semaine, Jésus nous redit aujourd'hui qu'auprès de lui nous trouverons le repos pour nos âmes. « Oui, mon joug est facile à porter, et mon fardeau, léger. » Laissons-nous interpeller par l'ensemble de son message sans chercher à l'enfermer dans un portrait figé. Osons vivre une vraie rencontre avec l'homme-Dieu, en acceptant de nous laisser surprendre par lui, comme par un ami toujours nouveau. ■**

***Bénédicte de la Croix,*** *cistercienne*

# VENDREDI 19 JUILLET 2024

**15E SEMAINE DU TEMPS ORDINAIRE COULEUR LITURGIQUE : VERT**

**Temps ordinaire,** *suggestion d'oraisons et d'antiennes n° 25*

*Antienne d'ouverture*

**Je suis le salut de mon peuple, dit le Seigneur, dans toutes les épreuves, s'il crie vers moi, je l'exaucerai ; je serai son Seigneur pour toujours.**

*Prière*

Seigneur Dieu, tu as voulu que toute la loi de sainteté consiste à t'aimer et à aimer son prochain : donne-nous de garder tes commandements, et de parvenir ainsi à la vie éternelle. Par Jésus… ***— Amen.***

## *Lecture*

du livre du prophète Isaïe (38, 1-6.21-22.7-8)

*« J'ai entendu ta prière, j'ai vu tes larmes »*

**En ces jours-là, le roi Ézékias souffrait d'une maladie mortelle. Le prophète Isaïe, fils d'Amots, vint lui dire : « Ainsi parle le Seigneur : Prends des dispositions pour ta maison, car tu vas mourir, tu ne guériras pas. » Ézékias se tourna vers le mur et fit cette prière au Seigneur : « Ah ! Seigneur, souviens-toi ! J'ai marché en ta présence, dans la loyauté et d'un cœur sans partage, et j'ai fait ce qui est bien à tes yeux. » Puis le roi Ézékias fondit en larmes. La parole du Seigneur fut adressée à Isaïe : « Va dire à Ézékias : Ainsi parle le Seigneur, Dieu de David ton**

ancêtre : J'ai entendu ta prière, j'ai vu tes larmes. Je vais ajouter quinze années à ta vie. Je te délivrerai, toi et cette ville, de la main du roi d'Assour, je protégerai cette ville. » Puis Isaïe dit : « Qu'on apporte un gâteau de figues ; qu'on l'applique sur l'ulcère, et le roi vivra. » Ézékias dit : « À quel signe reconnaîtrai-je que je pourrai monter à la maison du Seigneur ? – Voici le signe que le Seigneur te donne pour montrer qu'il accomplira sa promesse : Je vais faire reculer de dix degrés l'ombre qui est déjà descendue sur le cadran solaire d'Acaz. » Et le soleil remonta sur le cadran les dix degrés qu'il avait déjà descendus.
– Parole du Seigneur.



## *Cantique* Isaïe 38, 10, 11, 12abcd, 16-17a

℟ ***Seigneur, tu me guériras, tu me feras vivre.***

Je disais : Au milieu de mes jours,
je m'en vais ;
j'ai ma place entre les morts
pour la fin de mes années. ℟

Je disais : Je ne verrai pas le Seigneur
sur la terre des vivants,
plus un visage d'homme
parmi les habitants du monde ! ℟

Ma demeure m'est enlevée, arrachée,
comme une tente de berger.
Tel un tisserand, j'ai dévidé ma vie :
le fil est tranché. ℟

« Le Seigneur est auprès d'eux : ils vivront !
Tout ce qui vit en eux vit de son esprit ! »
Oui, tu me guériras, tu me feras vivre :
voici que mon amertume se change en paix. ℟

### *Acclamation de l'Évangile*

***Alléluia. Alléluia.*** Mes brebis écoutent ma voix, dit le Seigneur ; moi, je les connais, et elles me suivent. ***Alléluia.***

## *Évangile de Jésus Christ*

selon saint Matthieu (12, 1-8)

*« Le Fils de l'homme est maître du sabbat »*

**En ce temps-là, un jour de sabbat, Jésus vint à passer à travers les champs de blé ; ses disciples eurent faim et ils se mirent à arracher des épis et à les manger. Voyant cela, les pharisiens lui dirent : « Voilà que tes disciples font ce qu'il n'est pas permis de faire le jour du sabbat ! » Mais il leur dit : « N'avez-vous pas lu ce que fit David, quand il eut faim, lui et ceux qui l'accompagnaient ? Il entra dans la maison de Dieu, et ils mangèrent les pains de l'offrande ; or, ni lui ni les autres n'avaient le droit d'en manger, mais seulement les prêtres. Ou bien encore, n'avez-vous pas lu dans la Loi que le jour du sabbat, les prêtres, dans le Temple, manquent au repos du sabbat sans commettre de faute ? Or, je vous le dis : il y a ici plus grand que le Temple. Si vous aviez compris ce que signifie : Je veux la miséricorde, non le sacrifice*, vous n'auriez pas condamné ceux qui n'ont pas commis de faute. En effet, le Fils de l'homme est maître du sabbat. »**

### *Prière sur les offrandes*

Reçois favorablement, nous t'en prions, Seigneur, les dons présentés par ton peuple : que tous obtiennent par tes sacrements ce qu'ils proclament dans la ferveur de la foi. Par le Christ, notre Seigneur. **— *Amen.***

### *Antienne de la communion*

Toi, tu promulgues des préceptes
à observer entièrement.
Puissent mes voies s'affermir
à observer tes commandements !
(Ps 118, 4-5)

*OU*

Je suis le bon pasteur, dit le Seigneur,
je connais mes brebis,
et mes brebis me connaissent.
(Jn 10, 14)

### *Prière après la communion*

Dans ta bonté, Seigneur, fais que ton aide soutienne toujours ceux que tu as nourris de tes sacrements, afin qu'ils puissent, dans ces mystères et par toute leur vie, recueillir les fruits de la rédemption. Par le Christ, notre Seigneur. **— *Amen.***



## INVITATION

En ces jours d'été, je m'attarde sur l'odeur d'une fleur, le chant d'un oiseau…
et je loue le Créateur.

## COMMENTAIRE

**Une espérance se lève** Cantique d'Isaïe 38, 10, 11, 12abcd, 16-17a

**Comment ne pas frémir à l'idée que le fil de notre existence va être irrémédiablement tranché ? Dans son cantique, Ézékias, assailli par l'angoisse de la mort, témoigne de notre humanité marquée par la finitude. Mais du fond de sa déréliction une espérance se lève : « Oui, tu me guériras, tu me feras vivre : voici que mon amertume se change en paix. » Une certitude qui brille pour nous sur le visage du Ressuscité, premier-né d'entre les morts. ■**

***Bénédicte de la Croix,*** *cistercienne*

## ✲ CLÉ DE LECTURE

**« Le sacrifice »** Matthieu 12, 7 *(p. 116)*

**Cette citation d'Osée apparaît deux fois chez Matthieu : d'abord, Jésus s'appuie sur ce texte pour justifier le partage des repas avec « les collecteurs d'impôts et les pécheurs » (Mt 9, 13). Ici, il l'utilise pour refuser de condamner une transgression du sabbat. Au fond « le sacrifice » représente pour lui tout un régime de vie qui se tient dans la stricte observance des règles religieuses et qui exclut comme « impurs » ceux qui ne font pas partie du cercle choisi. Voilà qui nous pousse à repenser notre façon de juger et de condamner, à revoir aussi l'accueil que nous faisons à d'autres. Dire que le Fils de l'homme est maître du sabbat, n'est-ce pas aussi remettre la Loi entre nos mains humaines, en nous invitant à privilégier toujours la miséricorde ? ■**

***Roselyne Dupont-Roc,*** *bibliste*

# SAMEDI 20 JUILLET 2024

**15ᴱ SEMAINE DU TEMPS ORDINAIRE COULEUR LITURGIQUE : VERT**

**Temps ordinaire,** *suggestion d'oraisons et d'antiennes n° 26*
*ou* **bienheureuse Vierge Marie,** *voir p. 36, ou* **saint Apollinaire**

## *Antienne d'ouverture*

**Tout ce que tu nous as infligé, Seigneur, tu l'as fait par un jugement de vérité, car nous avons péché contre toi, nous n'avons pas obéi à tes commandements ; mais glorifie ton nom, et agis envers nous selon l'abondance de ta miséricorde.** (cf. Dn 3, 31.29.30.43.42)

## *Prière*

Seigneur Dieu, quand tu pardonnes et prends pitié, tu manifestes au plus haut point ta toute-puissance ; multiplie pour nous les dons de ta grâce : alors, en nous hâtant vers les biens que tu promets, nous aurons part au bonheur du ciel. Par Jésus… ***— Amen.***

14 - 20

## *Lecture*

du livre du prophète Michée (2, 1-5)

*« S'ils convoitent des champs, ils s'en emparent ; des maisons, ils les prennent »*

**Malheur à ceux qui préparent leur mauvais coup et, du fond de leur lit, élaborent le mal ! Au point du jour, ils l'exécutent car c'est en leur pouvoir. S'ils convoitent des champs, ils s'en emparent ; des maisons, ils les prennent ; ils saisissent le maître et sa maison, l'homme et son héritage. C'est pourquoi, ainsi parle le Seigneur : Moi, je prépare contre**

cette engeance un malheur où ils enfonceront jusqu'au cou ; vous ne marcherez plus la tête haute, car ce sera un temps de malheur. Ce jour-là, on proférera sur vous une satire, et l'on entonnera une lamentation ; on dira : « Nous sommes entièrement dévastés ! On livre à d'autres la part de mon peuple ! Hélas ! Elle m'échappe ! Nos champs sont partagés entre des infidèles ! » Plus personne, en effet, ne t'assurera une part dans l'assemblée du Seigneur.
– Parole du Seigneur.

## *Psaume* 9B (10)

**℟ *N'oublie pas le pauvre, Seigneur !***

Pourquoi, Seigneur, es-tu si loin ?
Pourquoi te cacher aux jours d'angoisse ?
L'impie, dans son orgueil,
poursuit les malheureux :
ils se font prendre aux ruses qu'il invente. ℟

L'impie se glorifie du désir de son âme,
l'arrogant blasphème, il brave le Seigneur ;
plein de suffisance, l'impie ne cherche plus :
« Dieu n'est rien », voilà toute sa ruse. ℟

Sa bouche qui maudit
n'est que fraude et violence,
sa langue, mensonge et blessure.
Il se tient à l'affût près des villages,
il se cache pour tuer l'innocent. ℟

Mais tu as vu : tu regardes le mal
et la souffrance,
tu les prends dans ta main ;
sur toi repose le faible,
c'est toi qui viens en aide à l'orphelin. ℟

### *Acclamation de l'Évangile*

***Alléluia. Alléluia.*** Dans le Christ, Dieu réconciliait le monde avec lui : il a mis dans notre bouche la parole de la réconciliation. ***Alléluia.***

## *Évangile de Jésus Christ*

selon saint Matthieu (12, 14-21)

*« Il leur défendit vivement de parler de lui. Ainsi devait s'accomplir la parole prononcée par Isaïe »*



**En ce temps-là, une fois sortis de la synagogue, les pharisiens se réunirent en conseil contre Jésus pour voir comment le faire périr. Jésus, l'ayant appris, se retira de là ; beaucoup de gens le suivirent, et il les guérit tous. Mais il leur défendit vivement de parler de lui.**

**Ainsi devait s'accomplir la parole prononcée par le prophète Isaïe :** ***Voici mon serviteur que j'ai choisi, mon bien-aimé en qui je trouve mon bonheur. Je ferai reposer sur lui mon Esprit, aux nations il fera connaître le jugement. Il ne cherchera pas querelle, il ne criera pas, on n'entendra pas sa voix sur les places publiques. Il n'écrasera pas le roseau froissé, il n'éteindra pas la mèche qui faiblit, jusqu'à ce qu'il ait fait triompher le jugement. Les nations mettront en son nom leur espérance.***

### *Prière sur les offrandes*

Dieu de miséricorde, nous t'en prions, accueille cette offrande que nous te présentons : qu'elle ouvre largement pour nous la source de toute bénédiction. Par le Christ, notre Seigneur. ***— Amen.***

### *Antienne de la communion*

Rappelle-toi ta parole à ton serviteur, Seigneur, celle dont tu fis mon espoir. Elle est ma consolation dans mon épreuve.

(Ps 118, 49-50)

*OU*

Voici comment nous avons reconnu l'amour : lui, Jésus, a donné sa vie pour nous. Nous aussi, nous devons donner notre vie pour nos frères. (1 Jn 3, 16)

### *Prière après la communion*

Que le sacrement du ciel, Seigneur, guérisse nos esprits et nos corps, afin qu'annonçant la mort du Christ et participant à ses souffrances, nous héritions avec lui de sa gloire. Lui qui…

***— Amen.***

## INVITATION

Peut-être suis-je en vacances, entouré de ma famille ? Ensemble, nous pouvons prier pour ceux qui nous sont chers et qui ont rejoint le Père.

## COMMENTAIRE

### Il est libre, Jésus

Matthieu 12, 14-21

**Jésus vient de guérir un homme à la main atrophiée, un jour de sabbat et, qui plus est, dans une synagogue ! La liberté dont il fait preuve est insupportable aux pharisiens qui cherchent à se débarrasser de lui. Le Fils de l'homme se retire pour accomplir l'œuvre de Dieu donnant, une fois encore, voix, visage, corps aux Écritures. Depuis son baptême, une certitude lui sert de boussole : il est le Bien-Aimé du Père et cela lui suffit ! ■**

***Bénédicte de la Croix,*** *cistercienne*

# DIMANCHE 21 JUILLET 2024

## 16E DIMANCHE DU TEMPS ORDINAIRE

**ANNÉE B – COULEUR LITURGIQUE : VERT**

*« Il fut saisi de compassion envers eux. »* Marc 6, 34

© Évelyne Mary

**« Ils étaient comme des brebis sans berger. »** Après leur première mission, les Douze sont fatigués et Jésus les envoie se reposer. Mais les foules, avides d'écouter le Christ et ses disciples, accourent. Elles cherchent des chemins de guérison et de salut. Saisi de compassion, le Christ se remet à la tâche. Demandons-lui de revêtir nos cœurs de compassion pour tous les chercheurs de sens et d'espérance.

## RITES INITIAUX

***Chant d'entrée*** *(Suggestions p. 226)*
*OU*
***Antienne d'ouverture***
Voici que Dieu vient à mon aide, le Seigneur est le soutien de mon âme. De grand cœur, je t'offrirai le sacrifice, je confesserai ton nom, car il est bon ! (cf. Ps 53, 6.8)

***Suggestion de préparation pénitentielle*** *(ou p. 196)*
Frères et sœurs, alors que le Christ se penche vers nous avec compassion, préparons-nous à célébrer le mystère de l'eucharistie en reconnaissant que nous avons péché.

Seigneur Jésus, toi notre Berger, tu nous fais reposer sur des prés d'herbe fraîche : Seigneur, prends pitié.
***— Seigneur, prends pitié.***
Ô Christ, toi le maître de toute compassion, tu nous conduis par de justes chemins : ô Christ, prends pitié.
***— Ô Christ, prends pitié.***
Seigneur, toi qui nous protèges des ravins de la mort, jour après jour, tu nous guides et nous rassures : Seigneur, prends pitié.
***— Seigneur, prends pitié.***

Que Dieu tout-puissant nous fasse miséricorde ; qu'il nous pardonne nos péchés et nous conduise à la vie éternelle. ***— Amen.***

*Gloire à Dieu* (p. 198)

***Prière***

Sois favorable à tes fidèles, Seigneur, et, dans ta bonté, multiplie pour eux les dons de ta grâce, afin que, brûlant de charité, de foi et d'espérance, ils soient toujours vigilants pour garder tes commandements. Par Jésus… ***— Amen.***

## LITURGIE DE LA PAROLE

### *Lecture* du livre du prophète Jérémie (23, 1-6)

*« Je ramènerai le reste de mes brebis, je susciterai pour elles des pasteurs »*

**Quel malheur pour vous, pasteurs ! Vous laissez périr et vous dispersez les brebis de mon pâturage – oracle du Seigneur ! C'est pourquoi, ainsi parle le Seigneur, le Dieu d'Israël, contre les pasteurs qui conduisent mon peuple : Vous avez dispersé mes brebis, vous les avez chassées, et vous ne vous êtes pas occupés d'elles. Eh bien ! Je vais m'occuper de vous, à cause de la malice de vos actes – oracle du Seigneur. Puis, je rassemblerai moi-même le reste de mes brebis de tous les pays où je les ai chassées. Je les ramènerai dans leur enclos, elles seront fécondes et se multiplieront. Je susciterai pour elles des pasteurs qui les conduiront ; elles ne seront plus apeurées ni effrayées, et aucune ne sera perdue – oracle du Seigneur. Voici venir des jours – oracle du Seigneur, où je susciterai pour David un Germe**

juste : il régnera en vrai roi, il agira avec intelligence, il exercera dans le pays le droit et la justice. En ces jours-là, Juda sera sauvé, et Israël habitera en sécurité. Voici le nom qu'on lui donnera : « Le-Seigneur-est-notre-justice. » – Parole du Seigneur.

## *Psaume* 22 (23)

℟ ***Le Seigneur est mon berger : rien ne saurait me manquer.***

*T. : AELF; M. : J.-P. Lécot; Éd. : ADF.*

Le Seigneur est mon berger :
je ne manque de rien.
Sur des prés d'herbe fraîche,
il me fait reposer. ℟

Il me mène vers les eaux tranquilles
et me fait revivre ;
il me conduit par le juste chemin
pour l'honneur de son nom. ℟

Retrouvez ce psaume sur le CD "Les psaumes de l'année B"

Si je traverse les ravins de la mort,
je ne crains aucun mal,
car tu es avec moi :
ton bâton me guide et me rassure. ℟

Tu prépares la table pour moi
devant mes ennemis ;
tu répands le parfum sur ma tête,
ma coupe est débordante. ℟

Grâce et bonheur m'accompagnent
tous les jours de ma vie ;
j'habiterai la maison du Seigneur
pour la durée de mes jours. ℟

## *Lecture* de la lettre de saint Paul apôtre aux Éphésiens (2, 13-18)

*« Le Christ est notre paix :*
*des deux, le Juif et le païen, il a fait une seule réalité »*

**Frères, maintenant, dans le Christ Jésus, vous qui autrefois étiez loin, vous êtes devenus proches par le sang du Christ. C'est lui, le Christ, qui est notre paix : des deux, le Juif et le païen, il a fait une seule réalité ; par sa chair crucifiée, il a détruit ce qui les séparait, le mur de la haine ; il a supprimé les prescriptions juridiques de la loi de Moïse. Ainsi, à partir des deux, le Juif et le païen, il a voulu créer en lui un seul Homme nouveau en faisant la paix, et**

réconcilier avec Dieu les uns et les autres en un seul corps par le moyen de la croix ; en sa personne, il a tué la haine. Il est venu annoncer la bonne nouvelle de la paix, la paix pour vous qui étiez loin, la paix pour ceux qui étaient proches. Par lui, en effet, les uns et les autres, nous avons, dans un seul Esprit, accès auprès du Père.
– Parole du Seigneur.

## *Acclamation de l'Évangile*

***Alléluia. Alléluia.*** Mes brebis écoutent ma voix, dit le Seigneur ; moi, je les connais, et elles me suivent. ***Alléluia.***

*48 SM ; M. : L. Deiss (Chants notés, t. 4, p. 282).*

## *Évangile de Jésus Christ* selon saint Marc (6, 30-34)

*« Ils étaient comme des brebis sans berger »*

**En ce temps-là, après leur première mission, les Apôtres se réunirent auprès de Jésus, et lui annoncèrent tout ce qu'ils avaient fait et enseigné. Il leur dit : « Venez à l'écart dans un**

endroit désert, et reposez-vous un peu. » De fait, ceux qui arrivaient et ceux qui partaient étaient nombreux, et l'on n'avait même pas le temps de manger. Alors, ils partirent en barque pour un endroit désert, à l'écart. Les gens les virent s'éloigner, et beaucoup comprirent leur intention. Alors, à pied, de toutes les villes, ils coururent là-bas et arrivèrent avant eux. En débarquant, Jésus vit une grande foule. Il fut saisi de compassion envers eux, parce qu'ils étaient comme des brebis sans berger. Alors, il se mit à les enseigner longuement.

## *Homélie*

## *Profession de foi* *(p. 199)*

## *Suggestion de prière universelle*

*Le prêtre :*

Le Christ est saisi de compassion pour les foules, semblables à des brebis sans berger. Tournons-nous vers lui, prions-le pour tous les habitants du monde, spécialement pour ceux en quête de sens et d'espoir.

℟ ***Avec Marie ta mère, nous te supplions.***

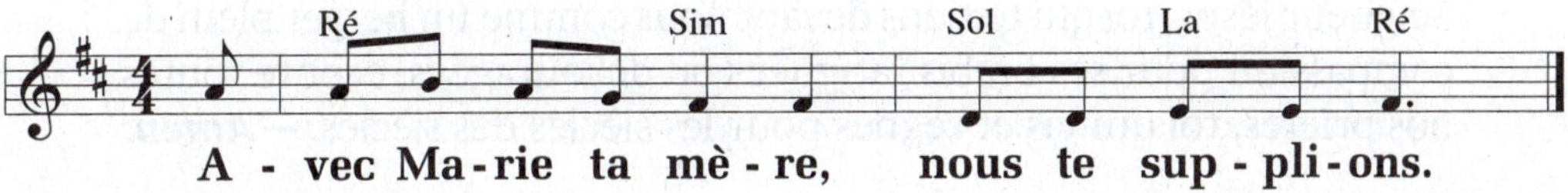


*Bayard Liturgie; M. : M. Wackenheim.*

℟ ***Avec Marie ta mère, nous te supplions.***

*Le diacre ou un lecteur :*

Ô Christ, loué sois-tu pour les monastères et les communautés religieuses qui accueillent de nombreux pèlerins en ces mois d'été. Afin que ces lieux permettent à beaucoup de se ressourcer et de trouver la sérénité, nous te prions. ℟

Ô Christ, nous te remercions pour les responsables politiques et économiques de notre pays. Afin qu'ils soient saisis par les valeurs évangéliques de justice, d'écoute et de compassion, nous te prions. ℟

Ô Christ, nous te disons merci pour tous les ministres de l'onction des malades. Afin que ce sacrement donne aux personnes qui le reçoivent, la force de l'espérance. Avec le pape François, nous te prions. ℟

Ô Christ, loué sois-tu pour notre assemblée réunie en ce jour. Pour que petits et grands trouvent en cet été l'occasion de se reposer pour mieux repartir à la rentrée, nous te prions. ℟

*(Ces intentions seront adaptées ou modifiées selon les circonstances.)*

*Le prêtre :*

Seigneur Jésus, toi qui te tiens devant nous comme un berger plein de compassion pour ses brebis fatiguées ou découragées, écoute toutes nos prières, toi qui vis et règnes pour les siècles des siècles. ***— Amen.***

## LITURGIE EUCHARISTIQUE

### *Prière sur les offrandes*

Seigneur Dieu, dans le sacrifice unique et parfait de ton Fils, tu as porté à leur achèvement les multiples sacrifices de l'ancienne Loi ; reçois maintenant le sacrifice offert par tes fidèles serviteurs et sanctifie-le comme tu as béni les présents d'Abel : que les dons offerts par chacun pour honorer ta gloire servent au salut de tous. Par le Christ, notre Seigneur. ***— Amen.***

### *Prière eucharistique* *(Préface des dimanches, p. 202)*

### *Chant de communion* *(Suggestions p. 226)*

*OU*

### *Antienne de la communion*

Le Seigneur est tendresse et pitié ; de ses merveilles il a laissé
un mémorial. Il a donné des vivres à ceux qui le craignent.
(cf. Ps 110, 4-5)

*OU*

Voici que je me tiens à la porte, et je frappe, dit le Seigneur.
Si quelqu'un entend ma voix, et ouvre la porte, j'entrerai chez lui ;
je prendrai mon repas avec lui, et lui avec moi.
(Ap 3, 20)

### *Prière après la communion*

Dans ta bienveillance, reste auprès de ton peuple, nous t'en prions, Seigneur ; puisque tu l'as initié aux sacrements du ciel, fais-le passer de ce qui est ancien à la vie nouvelle. Par le Christ, notre Seigneur.
***— Amen.***

## RITE DE CONCLUSION

### *Bénédiction*

### *Envoi*

**COMMENTAIRE DU DIMANCHE**

**Benoît Gschwind,** évêque de Pamiers

# Invitation au repos

Les disciples reviennent de leur première mission. À entendre Jésus, qui les invite à se reposer à l'écart dans un endroit désert, ils doivent être fatigués ! Sans doute ont-ils beaucoup marché, parlé, écouté. Les rencontres prennent sens dans la relecture et dans la prière. Aller à l'écart, c'est la démarche permanente de Jésus, qui sans cesse plonge dans ce cœur-à cœur avec son Père dont il reçoit sa mission. Ne pas prendre le risque de la relecture, c'est risquer le plongeon dans un activisme qui ne permettra pas d'accueillir le travail de l'Esprit en nous et autour de nous. Aux disciples qui apprennent leur métier de missionnaire, Jésus lance cette invitation au repos. L'évangile de ce jour nous indique qu'il n'est pas toujours facile d'aller à l'écart, et qu'il faut en prendre les moyens. Jésus et les disciples, en quête •••

••• d'un endroit désert, vont même devoir changer physiquement de lieu, prendre la barque pour un ailleurs. Il ne s'agit pas de fuir la foule, mais de se nourrir personnellement pour mieux nourrir la foule et répondre à son attente.
Après la traversée, Jésus et les disciples retrouvent la foule. Leur désert, leur lieu à l'écart, était ce moment fugace, mais nécessaire, de la barque et de la traversée. Jésus est pris de compassion pour la foule. Ses paroles et ses mots vont guider et nourrir cette foule sans berger, qui, à l'écoute de Jésus, devient peuple rassemblé par la Parole.

L'évangile invite au repos. Quelles dispositions ai-je prises pour vivre un vrai temps de repos avec le Christ pendant cette trêve estivale ?
Quelle parole de Dieu nourrit de manière plus particulière ce temps d'été ? ■

## CE QUE JE DÉCOUVRE

Jésus est plein de compassion envers chacun. Ses amis reviennent de mission ? Il les invite à se reposer. La foule est « comme des brebis sans berger » ? Il l'enseigne. **Jésus est un ami qui connaît nos besoins,** notre fatigue ou notre soif de Dieu. Et son amitié est si grande qu'il donne sa vie pour chacun de nous.

## CE QUE JE VIS

Quand tu as besoin de te reposer, où vas-tu ? Et que fais-tu ? À quels moments te sens-tu comme une brebis sans berger ? **Jésus se fait proche de tous. Dessine une croix et écris autour les prénoms des personnes qui ont besoin de sentir l'amour de Jésus.**

Texte : Frédéric Pascal. Illustrations : Marcelino Truong

**MÉDITATION BIBLIQUE**

**16E DIMANCHE DU TEMPS ORDINAIRE**

Lettre de saint Paul apôtre aux Éphésiens 2, 13-18

# De la distance à la proximité

**La problématique de l'opposition entre Israël et les nations nous interroge sur notre compréhension de l'histoire du salut, notre rapport à la différence, ainsi que sur notre unité ecclésiale.**

## Le temps de la préparation

**« J'écoute : que dira le Seigneur Dieu? » (Ps 84, 9)**

## Le temps de l'observation

« Frères » : l'auteur s'adresse chaleureusement à des interlocuteurs qui n'appartenaient pas au peuple d'Israël comme lui. Les notions spatiales d'éloignement et de proximité encadrent le propos : les païens éloignés du Dieu de l'Alliance sont devenus proches. Le tournant décisif étant l'événement pascal et la nouveauté qu'il instaure : à savoir, le peuple de la Nouvelle Alliance constitué de Juifs et de païens promis au même héritage. Le mot « paix » revient à plusieurs reprises pour qualifier le Christ et son œuvre. Une paix qui n'est pas seulement l'absence de guerre mais la plénitude d'un vivre ensemble qui articule la singularité et l'unité. Ces versets font écho à Isaïe qui envisage l'avenir en des termes similaires : « Paix ! La paix à celui qui est loin, et à celui qui est proche ! » (Is 57, 19). Sans oublier que cette « guérison » d'Israël dispersé par l'exil aura pour conséquence la venue des nations à Jérusalem : « Les nations marcheront vers ta lumière » (Is 60, 3).

## Le temps de la méditation

Voilà qui nous incite à creuser l'histoire du salut et la particularité du peuple d'Israël, mis à part pour témoigner du Dieu unique et des exigences de l'Alliance. Une différence qui s'est souvent exprimée en termes d'exclusion jusqu'à la haine. Ce qui interroge notre rapport à la différence dans nos communautés ecclésiales et dans une société pluraliste. Génère-t-elle uniquement la peur, le repli, l'agressivité ou la vivons-nous à la lumière du Christ et de son dessein de salut qui passe par la paix entre les peuples et entre nous ? Pas d'unité ecclésiale sans une relation forte au Christ qui nous ouvre un chemin de réconciliation avec Dieu et avec nous-mêmes, nous permettant d'appréhender la différence d'autrui sans vouloir l'anéantir et faire de lui un autre nous-mêmes. Car il s'agit de faire l'unité dans le respect de la singularité, l'enjeu étant de « devenir une demeure de Dieu par l'Esprit Saint » (Ep 2, 22) et des témoins de son amour offert à tous.

## Le temps de la prière

**« Ce que dit le Seigneur Dieu, c'est la paix » (Ps 84, 9)** ■

**Emmanuelle Billoteau,** ermite

## DES IMAGES POUR LA FOI

### 16E DIMANCHE DU TEMPS ORDINAIRE

# L'Agneau et le Pasteur

**Dans ce dessin, l'image du Bon Pasteur évoque aussi celle de la Passion, le lieu où se manifeste pleinement la miséricorde de Dieu.**

Sur le fond de papier bleu, le visage de Jésus est dessiné au crayon. Des rehauts de blanc et d'orangé suggèrent la lumière qui tombe sur lui et accentuent l'impression de volume. Le Christ est représenté comme le Bon Pasteur de la parabole : celui qui n'hésite pas à abandonner son troupeau pour aller chercher la brebis égarée (cf. Lc 15, 3-7). Mais l'image nous invite à aller plus loin et à lire aussi cette parabole comme une figure de la Passion. Le chemin que le Bon Pasteur a pris pour sauver les brebis que nous sommes, c'est celui du Golgotha. C'est la raison pour laquelle l'artiste a représenté Jésus la tête inclinée, les yeux mi-clos, dans une attitude qui rappelle étonnamment le portement de Croix ; il a même figuré sur ses mains les traces des clous. Alors que le Christ a les yeux fixés au sol, la brebis sur son dos cherche notre regard. Elle nous rappelle que sur ce chemin qui conduit à la Croix, le Christ Pasteur s'est fait Agneau. Avec lui, nous pourrons traverser sans crainte les « ravins de la mort », il est avec nous, son « bâton nous guide et nous rassure » (cf. Ps 22 [23], 4). ■

**Dominique Pierre**

© Akg

**Le Bon Pasteur**, Joseph Ritter von Führich (1840), Museum Kunstpalast, Düsseldorf (Allemagne).

# LUNDI 22 JUILLET 2024

COULEUR LITURGIQUE : BLANC

**Sainte Marie Madeleine**

*Ier siècle. L'une des femmes dévouées à Jésus. Elle resta avec Marie et Jean au pied de la Croix. Le Christ ressuscité lui étant apparu au matin de Pâques, elle alla l'annoncer aux Apôtres.*

## *Antienne d'ouverture*

**Le Seigneur dit à Marie Madeleine : « Va trouver mes frères pour leur dire que je monte vers mon Père et votre Père, vers mon Dieu et votre Dieu. »** (Jn 20, 17)

## *Gloire à Dieu* *(p. 198)*

## *Prière*

Seigneur Dieu, c'est à Marie Madeleine que ton Fils unique a confié la première annonce de la joie pascale ; accorde-nous, à sa prière et à son exemple, de proclamer que le Christ est vivant et de le contempler dans la gloire de ton royaume. Lui qui… — ***Amen.***

*Lectures propres à la fête de sainte Marie Madeleine.*

## *Lecture*

de la deuxième lettre de saint Paul apôtre aux Corinthiens (5, 14-17)

*« Nous ne comprenons plus le Christ d'une manière simplement humaine »*

**Frères, l'amour du Christ nous saisit quand nous pensons qu'un seul est mort pour tous, et qu'ainsi tous ont passé par la mort. Car le Christ est mort pour tous, afin que les vivants n'aient plus leur vie**

centrée sur eux-mêmes, mais sur lui, qui est mort et ressuscité pour eux. Désormais nous ne regardons plus personne d'une manière simplement humaine : si nous avons connu le Christ de cette manière, maintenant nous ne le connaissons plus ainsi. Si donc quelqu'un est dans le Christ, il est une créature nouvelle. Le monde ancien s'en est allé, un monde nouveau est déjà né.
– Parole du Seigneur.

*On peut aussi lire Cantique des Cantiques 3, 1-4a.*

## *Psaume* 62 (63)

℟ ***Mon âme a soif de toi, Seigneur, mon Dieu !***

Dieu, tu es mon Dieu, je te cherche dès l'aube :
mon âme a soif de toi ;
après toi languit ma chair,
terre aride, altérée, sans eau. ℟

Je t'ai contemplé au sanctuaire,
j'ai vu ta force et ta gloire.
Ton amour vaut mieux que la vie :
tu seras la louange de mes lèvres ! ℟

Toute ma vie, je vais te bénir,
lever les mains en invoquant ton nom.
Comme par un festin, je serai rassasié ;
la joie sur les lèvres, je dirai ta louange. ℟

Oui, tu es venu à mon secours :
je crie de joie à l'ombre de tes ailes.
Mon âme s'attache à toi,
ta main droite me soutient. ℟



## *Acclamation de l'Évangile*

***Alléluia. Alléluia.*** « Dis-nous, Marie Madeleine, qu'as-tu vu en chemin ? – J'ai vu le tombeau du Christ vivant, j'ai vu la gloire du Ressuscité. » ***Alléluia.***

## *Évangile de Jésus Christ*

selon saint Jean (20, 1.11-18)

*« Femme, pourquoi pleures-tu ? Qui cherches-tu ? »*

Le premier jour de la semaine, Marie Madeleine se rend au tombeau de grand matin ; c'était encore les ténèbres. Elle s'aperçoit que la pierre a été enlevée du tombeau. Elle se tenait près du tombeau, au-dehors, tout en pleurs. Et en pleurant, elle se pencha vers le tombeau. Elle aperçoit deux anges vêtus de blanc, assis l'un à la tête et l'autre aux pieds, à l'endroit où avait reposé le corps de Jésus. Ils lui demandent : « Femme, pourquoi pleures-tu ? » Elle leur répond : « On a enlevé mon Seigneur, et je ne sais pas où on l'a déposé. » Ayant dit cela, elle se retourna ; elle aperçoit Jésus qui se tenait là, mais elle ne savait pas que c'était Jésus. Jésus lui dit : « Femme, pourquoi pleures-tu ? Qui cherches-tu ? » Le prenant pour le jardinier, elle lui répond : « Si c'est toi qui l'as emporté, dis-moi où tu l'as déposé, et moi, j'irai le prendre. » Jésus lui dit alors : « Marie ! » S'étant retournée, elle lui dit en hébreu : « Rabbouni ! », c'est-à-dire : Maître. Jésus reprend : « Ne me retiens pas, car je ne suis pas encore monté vers le Père. Va trouver mes frères pour leur dire que je monte vers mon Père et votre Père, vers mon Dieu et votre Dieu. » Marie Madeleine s'en va donc annoncer aux disciples : « J'ai vu le Seigneur ! », et elle raconta ce qu'il lui avait dit.

## *Prière sur les offrandes*

Accepte, Seigneur, les offrandes que nous te présentons en faisant mémoire de la bienheureuse Marie Madeleine, puisque ton Fils unique voulut bien accepter le témoignage empressé de son amour. Lui qui… ***— Amen.***

## *Prière eucharistique*

*(Préface de Marie Madeleine)*

Vraiment, il est juste et bon, pour ta gloire et notre salut, de te célébrer en toute chose, toi, le Père tout-puissant, dont la puissance n'a d'égale que la miséricorde, par le Christ, notre Seigneur. Au jardin, il s'est manifesté à Marie Madeleine, il est apparu à celle qui l'avait aimé en cette vie et vu mourir sur la croix, elle qui le chercha quand il gisait dans le tombeau, et, la première, l'adora quand il ressuscita d'entre les morts. Il lui confia la charge et l'honneur d'être l'apôtre des Apôtres, pour que la joyeuse annonce de la vie nouvelle parvienne aux limites du monde. C'est pourquoi nous aussi, avec les anges et tous les saints, nous te louons, Seigneur, et, dans l'allégresse, nous proclamons : ***Saint ! Saint ! Saint…***

## *Antienne de la communion*

L'amour du Christ nous saisit, afin que les vivants n'aient plus leur vie centrée sur eux-mêmes, mais sur lui, qui est mort et ressuscité pour eux.
(2 Co 5, 14.15)

## *Prière après la communion*

Que la communion à tes mystères, Seigneur, nous remplisse de cet amour sans défaillance qui a lié pour toujours la bienheureuse Marie Madeleine à son maître, le Christ. Lui qui… ***— Amen.***

## INVITATION

À l'appel de son prénom, Marie se retourne. Je peux prononcer mon propre prénom à haute voix et l'écouter résonner. Comment le Seigneur m'appelle-t-il ?

## COMMENTAIRE

**Bousculée** Jean 20, 1.11-18

**Marie Madeleine se rend au tombeau de grand matin. Elle aperçoit la pierre roulée, elle se penche, se retourne, voit, se retourne à nouveau pour finalement entendre cet appel du Ressuscité : « Va. » Tout semble calme en ce matin de Pâques, mais, pour Marie Madeleine, tout s'accélère. La vie chrétienne n'est pas toujours faite de moments calmes et méditatifs. Elle est aussi tissée d'événements qui nous bousculent, nous ébranlent et nous font sortir de nous-mêmes, événements à travers lesquels le Ressuscité peut aussi nous visiter et nous appeler.** ■

*Bertrand Lesoing, prêtre de la communauté Saint-Martin*

# MARDI 23 JUILLET 2024

COULEUR LITURGIQUE : BLANC

**Sainte Brigitte de Suède**

*XIVe siècle. Noble suédoise, mère de huit enfants, fondatrice de l'ordre du Saint-Sauveur. Depuis 1999, elle est l'une des trois patronnes de l'Europe.*

*Antienne d'ouverture*

**Réjouissons-nous tous dans le Seigneur,**
**en célébrant la fête de sainte Brigitte;**
**les anges s'en réjouissent**
**et tous ensemble ils louent le Fils de Dieu.**

*Gloire à Dieu* (p. 198)

*Prière*

Seigneur Dieu, tu as conduit sainte Brigitte par divers chemins de vie, et tu lui as enseigné de façon admirable la sagesse de la croix par la contemplation de la passion de ton Fils ; accorde à chacun de nous, quel que soit son état de vie, de savoir te chercher en toute chose. Par Jésus… **— *Amen.***

*Lectures propres à la fête de sainte Brigitte de Suède.*



## Lecture

de la lettre de saint Paul apôtre aux Galates (2, 19-20)

*« Je vis, mais ce n'est plus moi, c'est le Christ qui vit en moi »*

**Frères, par la Loi, je suis mort à la Loi afin de vivre pour Dieu ; avec le Christ, je suis crucifié. Je vis, mais ce n'est plus moi, c'est le Christ qui vit**

**en moi. Ce que je vis aujourd'hui dans la chair, je le vis dans la foi au Fils de Dieu qui m'a aimé et s'est livré lui-même pour moi.** – Parole du Seigneur.

*On peut aussi lire Tobie 8, 4b-7.*

## *Psaume* 33 (34)

℞ ***Je bénirai le Seigneur en tout temps.***
*OU* ***Goûtez et voyez comme est bon le Seigneur.***

Je bénirai le Seigneur en tout temps,
sa louange sans cesse à mes lèvres.
Je me glorifierai dans le Seigneur :
que les pauvres m'entendent
et soient en fête ! ℞

Magnifiez avec moi le Seigneur,
exaltons tous ensemble son nom.
Je cherche le Seigneur, il me répond :
de toutes mes frayeurs, il me délivre. ℞

Qui regarde vers lui resplendira,
sans ombre ni trouble au visage.
Un pauvre crie ; le Seigneur entend :
il le sauve de toutes ses angoisses. ℞

L'ange du Seigneur campe alentour
pour libérer ceux qui le craignent.
Goûtez et voyez : le Seigneur est bon !
Heureux qui trouve en lui son refuge ! ℞

Saints du Seigneur, adorez-le :
rien ne manque à ceux qui le craignent.
Des riches ont tout perdu, ils ont faim ;
qui cherche le Seigneur
ne manquera d'aucun bien. ℞

### *Acclamation de l'Évangile*

***Alléluia. Alléluia.*** Demeurez dans mon amour, dit le Seigneur. Celui qui demeure en moi et en qui je demeure, celui-là porte beaucoup de fruit. ***Alléluia.***

## *Évangile de Jésus Christ*

selon saint Marc (3, 31-35)

*« Celui qui fait la volonté de Dieu, celui-là est pour moi un frère, une sœur, une mère »*

**En ce temps-là, comme Jésus était dans une maison, arrivent sa mère et ses frères. Restant au-dehors, ils le font appeler. Une foule était assise autour de lui ; et on lui dit : « Voici que ta mère et tes frères sont là dehors : ils te cherchent. » Mais il leur répond : « Qui est ma mère ? qui sont mes frères ? » Et parcourant du regard ceux qui étaient assis en cercle autour de lui, il dit : « Voici ma mère et mes frères. Celui qui fait la volonté de Dieu, celui-là est pour moi un frère, une sœur, une mère. »**

*On peut aussi lire Jean 15, 1-8.*

### *Prière sur les offrandes*

Dieu de grande bonté, en sainte Brigitte tu as fait disparaître ce qui devait vieillir, pour créer un être nouveau à ton image ; nous t'en prions, accorde-nous d'être renouvelés comme elle, afin que nous puissions te plaire en t'offrant ce sacrifice de pardon et de paix. Par le Christ, notre Seigneur. ***— Amen.***

*Préface des saints, p. 206.*

*Antienne de la communion*

Tu aimes la justice
et tu réprouves le mal.
Oui, Dieu, ton Dieu t'a consacrée
d'une onction de joie,
de préférence à tes semblables.
(cf. Ps 44, 8)

*Prière après la communion*

Dieu tout-puissant, nous te prions ; fais que, soutenus par la force de ce sacrement et instruits par l'exemple de sainte Brigitte, nous te cherchions toujours et par-dessus tout, donnant forme en ce monde à l'humanité nouvelle. Par le Christ, notre Seigneur. ***— Amen.***

## INVITATION

Brigitte de Suède est l'une des patronnes de l'Europe.
Aujourd'hui particulièrement, je peux prier pour notre continent.

## COMMENTAIRE

**Une grande famille**

Marc 3, 31-35

**« Ta mère et tes frères sont là dehors. » Que les « autres » s'écartent donc et s'éclipsent pour laisser la place, ces « autres » qui semblent avoir moins de mérites et de titres à faire valoir pour écouter le Maître. Mais, justement, ces « autres » sont autour de Jésus, ils l'écoutent et font aussi partie de sa famille, ils sont peut-être même sa première famille : « Celui-là est pour moi un frère, une sœur, une mère. » L'Église, famille du Seigneur, est toujours plus vaste que nos petits cercles de convivialité et de sociabilité. Chacun y a sa place et chacun doit s'y sentir invité.** ■

***Bertrand Lesoing**, prêtre de la communauté Saint-Martin*

# MERCREDI 24 JUILLET 2024

**16E SEMAINE DU TEMPS ORDINAIRE COULEUR LITURGIQUE : VERT**

**Temps ordinaire,** *suggestion d'oraisons et d'antiennes n° 27*
*ou* **saint Charbel Makhlouf**

## *Antienne d'ouverture*

**Seigneur, tout est soumis à ta volonté, personne ne peut s'opposer à toi, car c'est toi qui as fait le ciel et la terre et toutes les merveilles qui sont sous le ciel. Tu es le Seigneur de l'univers.** (Est 4, 17)

## *Prière*

Dieu éternel et tout-puissant, dans ta tendresse inépuisable, tu combles ceux qui t'implorent, bien au-delà de leurs mérites et de leurs désirs ; répands sur nous ta miséricorde en délivrant notre conscience de ce qui l'inquiète et en donnant plus que nous n'osons demander. Par Jésus… ***— Amen.***

21 - 27

# *Lecture*

du livre du prophète Jérémie (1, 1.4-10)

*« Je fais de toi un prophète pour les nations »*

**Paroles de Jérémie, fils de Helkias, l'un des prêtres qui étaient à Anatoth, au pays de Benjamin. La parole du Seigneur me fut adressée : « Avant même de te façonner dans le sein de ta mère, je te connaissais ; avant que tu viennes au jour, je t'ai consacré ; je fais de toi un prophète pour les nations. » Et je dis : « Ah ! Seigneur mon Dieu ! Vois donc : je ne sais pas parler, je suis un enfant ! » Le Seigneur reprit : « Ne dis pas : “Je**

suis un enfant !” Tu iras vers tous ceux à qui je t’enverrai ; tout ce que je t’ordonnerai, tu le diras. Ne les crains pas, car je suis avec toi pour te délivrer » – oracle du Seigneur. Puis le Seigneur étendit la main et me toucha la bouche. Il me dit : « Voici, je mets dans ta bouche mes paroles ! Vois : aujourd’hui, je te donne autorité sur les nations et les royaumes, pour arracher et renverser, pour détruire et démolir, pour bâtir et planter. »

– Parole du Seigneur.

## *Psaume* 70 (71)

℟ ***Ma bouche annonce ton salut, Seigneur.***

En toi, Seigneur, j’ai mon refuge :
garde-moi d’être humilié pour toujours.
Dans ta justice, défends-moi, libère-moi,
tends l’oreille vers moi, et sauve-moi. ℟

Sois le rocher qui m’accueille,
toujours accessible ;
tu as résolu de me sauver :
ma forteresse et mon roc, c’est toi !
Mon Dieu, libère-moi des mains
de l’impie. ℟

Seigneur mon Dieu, tu es mon espérance,
mon appui dès ma jeunesse.
Toi, mon soutien dès avant ma naissance,
tu m’as choisi dès le ventre de ma mère. ℟

Ma bouche annonce tout le jour
tes actes de justice et de salut.
Mon Dieu, tu m’as instruit
dès ma jeunesse,
jusqu’à présent,
j’ai proclamé tes merveilles. ℟

### *Acclamation de l'Évangile*

***Alléluia. Alléluia.*** La semence est la parole de Dieu, le semeur est le Christ ; celui qui le trouve demeure pour toujours. ***Alléluia.***

## Évangile de Jésus Christ

selon saint Matthieu (13, 1-9)

*« Ils ont donné du fruit à raison de cent pour un »*

**Ce jour-là, Jésus était sorti de la maison, et il était assis au bord de la mer. Auprès de lui se rassemblèrent des foules si grandes qu'il monta dans une barque où il s'assit ; toute la foule se tenait sur le rivage. Il leur dit beaucoup de choses en paraboles : « Voici que le semeur sortit pour semer. Comme il semait, des grains sont tombés au bord du chemin, et les oiseaux sont venus tout manger. D'autres sont tombés sur le sol pierreux, où ils n'avaient pas beaucoup de terre ; ils ont levé aussitôt, parce que la terre était peu profonde. Le soleil s'étant levé, ils ont brûlé et, faute de racines, ils ont séché. D'autres sont tombés dans les ronces ; les ronces ont poussé et les ont étouffés. D'autres sont tombés dans la bonne terre, et ils ont donné du fruit à raison de cent, ou soixante, ou trente pour un. Celui qui a des oreilles, qu'il entende ! »**



### *Prière sur les offrandes*

Accueille, Seigneur, nous t'en prions, le sacrifice que tu as toi-même institué : dans les saints mystères que nous célébrons pour te servir comme il convient, sanctifie-nous pleinement par ton œuvre de rédemption. Par le Christ, notre Seigneur. ***— Amen.***

# MERCREDI 24 JUILLET 2024

## *Antienne de la communion*

Le Seigneur est bon
pour qui se tourne vers lui,
pour l'âme qui le cherche. (Lm 3, 25)

*OU*

Il y a un seul pain, et la multitude
que nous sommes est un seul corps,
car nous avons tous part à un seul pain
et à une seule coupe. (cf. 1 Co 10, 17)

## *Prière après la communion*

Dieu tout-puissant, nous t'en prions : par la communion à ce sacrement, comble notre soif et notre faim de toi ; afin que nous puissions devenir ce que nous avons reçu. Par le Christ, notre Seigneur. **— *Amen.***

## INVITATION

La vie du bienheureux Stanley Rother nous rappelle que la dignité humaine n'est pas négociable. Je peux aller lire son histoire à la page 181.

## COMMENTAIRE

### Des paraboles pour aujourd'hui

Matthieu 13, 1-9

**Sur la barque, Jésus « leur dit beaucoup de choses en paraboles ». En paraboles, c'est-à-dire de manière voilée, à travers des signes et des images, qui touchent le cœur plus que l'intelligence. En paraboles : c'est ainsi que le Seigneur continue à s'adresser à nous. Les événements extérieurs de notre vie, comme les mouvements intérieurs de notre âme, si nous y prêtons attention, peuvent devenir des paraboles grâce auxquelles Jésus, aujourd'hui encore, nous dit « beaucoup de choses ». ■**

***Bertrand Lesoing,*** *prêtre de la communauté Saint-Martin*

# JEUDI 25 JUILLET 2024

COULEUR LITURGIQUE : ROUGE

**Saint Jacques le Majeur**

*Ier siècle. Témoin, avec Pierre et Jean, de la Transfiguration et de l'agonie de Jésus, il fut le premier Apôtre à être martyrisé. Vénéré depuis fort longtemps à Compostelle.*

### *Antienne d'ouverture*

**Comme il marchait le long de la mer de Galilée,**
**Jésus vit Jacques, fils de Zébédée, et Jean son frère,**
**en train de réparer leurs filets, et il les appela.** (cf. Mt 4, 18.21)

### *Gloire à Dieu* *(p. 198).*

### *Prière*

Dieu éternel et tout-puissant, tu as consacré l'offrande du bienheureux Jacques, le premier de tes Apôtres à verser pour toi son sang ; accorde à ton Église de trouver dans son témoignage une force, et dans sa protection un appui constant. Par Jésus… — ***Amen.***

*Lectures propres à la fête de saint Jacques le Majeur.*

21 - 27

## *Lecture*

de la deuxième lettre de saint Paul apôtre aux Corinthiens (4, 7-15)

*« Nous portons, dans notre corps, la mort de Jésus »*

**Frères, nous portons un trésor comme dans des vases d'argile ; ainsi, on voit bien que cette puissance extraordinaire appartient à Dieu et ne vient pas de nous. En toute circonstance, nous sommes dans la**

détresse, mais sans être angoissés ; nous sommes déconcertés, mais non désemparés ; nous sommes pourchassés, mais non pas abandonnés ; terrassés, mais non pas anéantis. Toujours nous portons, dans notre corps, la mort de Jésus, afin que la vie de Jésus, elle aussi, soit manifestée dans notre corps. En effet, nous, les vivants, nous sommes continuellement livrés à la mort à cause de Jésus, afin que la vie de Jésus, elle aussi, soit manifestée dans notre condition charnelle vouée à la mort. Ainsi la mort fait son œuvre en nous, et la vie en vous. L'Écriture dit : *J'ai cru, c'est pourquoi j'ai parlé**. Et nous aussi, qui avons le même esprit de foi, nous croyons, et c'est pourquoi nous parlons. Car, nous le savons, celui qui a ressuscité le Seigneur Jésus nous ressuscitera, nous aussi, avec Jésus, et il nous placera près de lui avec vous. Et tout cela, c'est pour vous, afin que la grâce, plus largement répandue dans un plus grand nombre, fasse abonder l'action de grâce pour la gloire de Dieu.
– Parole du Seigneur.

## *Psaume* 125 (126)

℟ ***Ceux qui sèment dans les larmes moissonnent dans la joie.***

Quand le Seigneur ramena
les captifs à Sion,
nous étions comme en rêve !
Alors notre bouche était pleine de rires,
nous poussions des cris de joie. ℟

Alors on disait parmi les nations :
« Quelles merveilles fait
pour eux le Seigneur ! »
Quelles merveilles le Seigneur fit pour nous :
nous étions en grande fête ! ℟

Ramène, Seigneur, nos captifs,
comme les torrents au désert.
Qui sème dans les larmes
moissonne dans la joie. ℟

Il s'en va, il s'en va en pleurant,
il jette la semence ;
il s'en vient, il s'en vient dans la joie,
il rapporte les gerbes. ℟

### *Acclamation de l'Évangile*

***Alléluia. Alléluia.*** C'est moi qui vous ai choisis du milieu du monde, afin que vous alliez, que vous portiez du fruit, et que votre fruit demeure, dit le Seigneur. ***Alléluia.***

## *Évangile de Jésus Christ*

selon saint Matthieu (20, 20-28)

*« Ma coupe, vous la boirez »*

**En ce temps-là, la mère de Jacques et de Jean, fils de Zébédée, s'approcha de Jésus avec ses fils Jacques et Jean, et elle se prosterna pour lui faire une demande. Jésus lui dit : « Que veux-tu ? » Elle répondit : « Ordonne que mes deux fils que voici siègent, l'un à ta droite et l'autre à ta gauche, dans ton Royaume. » Jésus répondit : « Vous ne savez pas ce que vous demandez. Pouvez-vous boire la coupe que je vais boire ? » Ils lui disent : « Nous le pouvons. » Il leur dit : « Ma coupe, vous la boirez ; quant à siéger à ma droite et à ma gauche, ce n'est pas à moi de l'accorder ; il y a ceux pour qui cela est préparé par mon Père. »**
**Les dix autres, qui avaient entendu, s'indignèrent contre les deux frères. Jésus les appela et dit : « Vous le savez : les chefs des nations les commandent en maîtres, et les grands font sentir leur pouvoir. Parmi vous,**

**il ne devra pas en être ainsi : celui qui veut devenir grand parmi vous sera votre serviteur ; et celui qui veut être parmi vous le premier sera votre esclave. Ainsi, le Fils de l'homme n'est pas venu pour être servi, mais pour servir, et donner sa vie en rançon pour la multitude. »**

### *Prière sur les offrandes*

Purifie-nous, Seigneur, par la passion de ton Fils, puisqu'elle est le baptême qui nous sauve ; nous pourrons alors t'offrir un sacrifice agréable en la fête du bienheureux Jacques, le premier des Apôtres à boire à la coupe du Christ. Lui qui…

***— Amen.***

*Préface des Apôtres, p. 205.*

### *Antienne de la communion*

Ils ont partagé la coupe du Seigneur, et sont devenus les amis de Dieu.

### *Prière après la communion*

À la prière du bienheureux apôtre Jacques, viens à notre aide, Seigneur, en ce jour où pour célébrer sa fête nous avons reçu dans la joie tes dons sacrés. Par le Christ, notre Seigneur.

***— Amen.***

## INVITATION

En ces semaines estivales, je connais sûrement autour de moi une personne isolée. Je peux trouver une occasion de lui rendre visite.

## COMMENTAIRE

**C'est vraiment trop injuste !** Matthieu 20, 20-28

**Il suffit que deux disciples, Jacques et Jean, se poussent un peu du col pour susciter l'indignation unanime des dix autres. Indignation au fond légitime : pourquoi ces deux-là auraient-ils droit à des privilèges ou des passe-droits ? Les injustices sont toujours révoltantes. Nous avons à les combattre avec fermeté et détermination ; mais nous avons aussi à faire preuve de grandeur d'âme, de hauteur de vue et de patience, indispensables remèdes face à la tentation du découragement, de l'aigreur ou de l'indignation surjouée. ■**

***Bertrand Lesoing,** prêtre de la communauté Saint-Martin*

## ❊ CLÉ DE LECTURE

**« J'ai parlé »** 2 Corinthiens 4, 13 *(p. 154)*

**Paul applique ce verset du psaume 115 aux Apôtres que la foi pousse à porter toujours plus loin l'Évangile. Il l'explicite ainsi : « L'amour du Christ nous saisit » (2 Co 5, 14). Les voici habités par la passion de Jésus à tous les sens du terme : passionnés pour lui, mais aussi animés par son esprit, ils se laissent conformer à sa vie, à sa passion et à sa mort, pour qu'à travers eux, l'amour du Père se manifeste à tous ceux qu'ils rencontrent. Dès lors, ils acceptent les épreuves, les obstacles et l'hostilité, car ils se savent toujours accompagnés, toujours relevés, jamais abandonnés. Ils savent que, sur le terreau de leurs vies usées et épuisées, naîtront de nouvelles Églises qui à leur tour prendront la parole pour annoncer Jésus Christ ressuscité. ■**

***Roselyne Dupont-Roc,** bibliste*

# VENDREDI 26 JUILLET 2024

16E SEMAINE DU TEMPS ORDINAIRE COULEUR LITURGIQUE : BLANC

**Saint Joachim et sainte Anne**

*Selon la Tradition, Joachim et Anne furent les parents de la Vierge Marie. Leurs noms furent mentionnés pour la première fois dans le Protévangile de Jacques (IIe siècle).*

## *Antienne d'ouverture*

**Louons Joachim et Anne pour leur descendance,**
**car le Seigneur leur a donné la bénédiction promise à tous les peuples.**
(cf. Si 44, 1.25)

## *Prière*

Seigneur, Dieu de nos Pères, tu as donné aux bienheureux Joachim et Anne la grâce d'engendrer celle qui deviendrait la mère de ton Fils, le Verbe fait chair ; accorde-nous, à leur commune prière, le salut que tu as promis à ton peuple. Par Jésus… ***— Amen.***

# *Lecture*

du livre du prophète Jérémie (3, 14-17)

*« Je vous donnerai des pasteurs selon mon cœur.*
*Toutes les nations convergeront vers Jérusalem »*

**Revenez, fils renégats – oracle du Seigneur ; c'est moi qui suis votre maître. Je vais vous prendre, un par ville, deux par clan, et vous faire venir à Sion. Je vous donnerai des pasteurs selon mon cœur : ils vous conduiront avec savoir et intelligence. Quand vous vous serez multipliés, quand vous aurez fructifié dans le pays, en ces jours-là – oracle du Seigneur –,**

on ne dira plus « Arche de l'Alliance du Seigneur », on ne gardera plus mémoire de l'Arche, on ne s'en souviendra plus, on ne s'en occupera plus, on n'en fera pas une autre. En ce temps-là, on appellera Jérusalem « Trône du Seigneur ». Toutes les nations convergeront vers elle, vers le nom du Seigneur, à Jérusalem ; elles ne suivront plus les penchants mauvais de leur cœur endurci.
– Parole du Seigneur.

## *Cantique* Jérémie 31, 10, 11-12ab, 13

℟ ***Le Seigneur nous garde, comme un berger son troupeau.***

Écoutez, nations, la par<u>o</u>le du Seigneur !
Annoncez dans les <u>î</u>les lointaines :
« Celui qui dispersa Isra<u>ë</u>l le rassemble,
il le garde, comme un berg<u>e</u>r
son troupeau. ℟

« Le Seigneur a libér<u>é</u> Jacob,
l'a racheté des m<u>a</u>ins d'un plus fort.
Ils viennent, criant de joie,
sur les haute<u>u</u>rs de Sion :
ils affluent vers les bi<u>e</u>ns du Seigneur. ℟

« La jeune fille se réjou<u>i</u>t, elle danse ;
jeunes gens, vieilles g<u>e</u>ns, tous ensemble !
Je change leur de<u>u</u>il en joie,
les réjouis, les cons<u>o</u>le après la peine. » ℟

## *Acclamation de l'Évangile*

***Alléluia. Alléluia.*** Heureux ceux qui ont entendu la Parole dans un cœur bon et généreux, qui la retiennent et portent du fruit par leur persévérance. ***Alléluia.***

## *Évangile de Jésus Christ*

selon saint Matthieu (13, 18-23)

*« Celui qui entend la Parole et la comprend porte du fruit »*

En ce temps-là, Jésus disait à ses disciples : « Écoutez ce que veut dire la parabole du semeur. Quand quelqu'un entend la parole du Royaume sans la comprendre, le Mauvais survient et s'empare de ce qui est semé dans son cœur : celui-là, c'est le terrain ensemencé au bord du chemin. Celui qui a reçu la semence sur un sol pierreux, c'est celui qui entend la Parole et la reçoit aussitôt avec joie; mais il n'a pas de racines en lui, il est l'homme d'un moment : quand vient la détresse ou la persécution à cause de la Parole, il trébuche aussitôt. Celui qui a reçu la semence dans les ronces, c'est celui qui entend la Parole; mais le souci du monde et la séduction de la richesse étouffent la Parole, qui ne donne pas de fruit. Celui qui a reçu la semence dans la bonne terre, c'est celui qui entend la Parole et la comprend : il porte du fruit à raison de cent, ou soixante, ou trente pour un. »

### *Prière sur les offrandes*

Seigneur, nous t'en prions : accepte ce que nous t'offrons de grand cœur ; fais que nous ayons part à la bénédiction promise à Abraham et sa descendance. Par le Christ, notre Seigneur. ***— Amen.***

*Préface des saints, p. 206.*

### *Antienne de la communion*

Ils ont obtenu, du Seigneur,
la bénédiction, et de Dieu leur Sauveur,
la miséricorde. (cf. Ps 23, 5)

### *Prière après la communion*

Seigneur Dieu, tu as voulu que ton Fils unique naisse de la famille humaine, pour que celle-ci, par un admirable mystère, renaisse de ta propre vie ; dans ta bonté, accorde à ceux que tu as nourris du pain de tes enfants d'être sanctifiés par ton esprit d'adoption. Par le Christ, notre Seigneur. ***— Amen.***

## INVITATION

Alors que s'ouvrent les Jeux olympiques de Paris, je confie toutes les personnes qui vont œuvrer pendant cette quinzaine : sportifs, entraîneurs, arbitres, mais aussi policiers, secouristes, soigneurs…

## COMMENTAIRE

### Cambriolage

Matthieu 13, 18-23

**Un vol a été commis. L'auteur du méfait : celui que Jésus appelle « le Mauvais ». Le lieu où s'est produite l'effraction : le cœur, c'est-à-dire le sanctuaire le plus intime de la personne. Les objets dérobés : la parole de Dieu, la joie, la paix, l'espérance, autant de trésors qui restent toujours soumis à bien des menaces, tels la lassitude, la froide indifférence ou l'individualisme. Ne nous laissons pas voler ces trésors que le Seigneur a semés en nous ! ■**

***Bertrand Lesoing,** prêtre de la communauté Saint-Martin*

**Temps ordinaire,** *suggestion d'oraisons et d'antiennes n° 28*
*ou* **bienheureuse Vierge Marie,** *voir p. 36*

### *Antienne d'ouverture*

**Si tu retiens les fautes, Seigneur, Seigneur, qui subsistera?**
**Mais près de toi se trouve le pardon, Dieu d'Israël.**
(cf. Ps 129, 3-4)

### *Prière*

Nous t'en prions, Seigneur, que ta grâce nous devance et qu'elle nous accompagne toujours, pour nous rendre attentifs à faire le bien sans relâche. Par Jésus… **— *Amen.***

## Lecture

du livre du prophète Jérémie (7, 1-11)

*« Est-elle à vos yeux une caverne de bandits,*
*cette Maison sur laquelle mon nom est invoqué ? »*

**Parole du Seigneur adressée à Jérémie : Tiens-toi à la porte de la maison du Seigneur, et là, tu proclameras cette parole, tu diras : Écoutez la parole du Seigneur, vous tous de Juda, vous qui entrez par ces portes pour vous prosterner devant le Seigneur. Ainsi parle le Seigneur de l'univers, le Dieu d'Israël : « Rendez meilleurs vos chemins et vos actes : je vous ferai demeurer dans ce lieu. Ne faites pas confiance à des paroles**

de mensonge, en disant : “Temple du Seigneur ! Temple du Seigneur ! C’est ici le temple du Seigneur !”
Si vraiment vous rendez meilleurs vos chemins et vos actes, si vraiment vous maintenez le droit* entre un homme et son prochain, si vous n’opprimez pas l’immigré, l’orphelin ou la veuve, si vous ne versez pas, dans ce lieu, le sang de l’innocent, si vous ne suivez pas, pour votre malheur, d’autres dieux, alors, je vous ferai demeurer dans ce lieu, dans le pays que j’ai donné à vos pères, depuis toujours et pour toujours. Mais voici, vous faites confiance à des paroles de mensonge qui ne servent à rien. Quoi ! Vous pouvez voler, tuer, commettre l’adultère, faire des faux serments, brûler de l’encens pour le dieu Baal, suivre d’autres dieux que vous ne connaissez pas ; et ensuite, dans cette Maison sur laquelle mon nom est invoqué, vous pouvez vous présenter devant moi, en disant : “Nous sommes sauvés” ; et vous faites toutes ces abominations ! Est-elle à vos yeux une caverne de bandits, cette Maison sur laquelle mon nom est invoqué ? Pour moi, c’est ainsi que je la vois » – oracle du Seigneur.

– Parole du Seigneur.



## *Psaume* 83 (84)

℟ ***De quel amour sont aimées tes demeures, Seigneur, Dieu de l’univers !***

Mon âme s’épu<u>i</u>se à désirer
les parv<u>i</u>s du Seigneur ;
mon cœur et ma ch<u>a</u>ir sont un cri
vers le Die<u>u</u> vivant ! ℟

L’oiseau lui-même s’est trouv<u>é</u> une maison,
et l’hirondelle, un nid pour abrit<u>e</u>r sa couvée :
tes autels, Seigne<u>u</u>r de l’univers,
mon R<u>o</u>i et mon Dieu ! ℟

Heureux les habitants de ta maison :
ils pourront te chanter encore !
Heureux les hommes
dont tu es la force :
des chemins s'ouvrent dans leur cœur ! R/

Oui, un jour dans tes parvis
en vaut plus que mille.
J'ai choisi de me tenir sur le seuil,
dans la maison de mon Dieu,
plutôt que d'habiter parmi les infidèles. R/

### *Acclamation de l'Évangile*

***Alléluia. Alléluia.*** Accueillez dans la douceur la Parole semée en nous : c'est elle qui peut vous sauver. ***Alléluia.***

## *Évangile de Jésus Christ*

selon saint Matthieu (13, 24-30)

*« Laissez-les pousser ensemble jusqu'à la moisson »*

**En ce temps-là, Jésus proposa aux foules une autre parabole : « Le royaume des Cieux est comparable à un homme qui a semé du bon grain dans son champ. Or, pendant que les gens dormaient, son ennemi survint ; il sema de l'ivraie au milieu du blé et s'en alla. Quand la tige poussa et produisit l'épi, alors l'ivraie apparut aussi. Les serviteurs du maître vinrent lui dire : "Seigneur, n'est-ce pas du bon grain que tu as semé dans ton champ ? D'où vient donc qu'il y a de l'ivraie ?" Il leur dit : "C'est un ennemi qui a fait cela." Les serviteurs lui disent : "Veux-tu donc que nous allions l'enlever ?" Il répond : "Non, en enlevant l'ivraie, vous risquez d'arracher le blé en même temps. Laissez-les pousser ensemble jusqu'à la moisson ; et, au temps de la moisson, je dirai aux**

moissonneurs : Enlevez d'abord l'ivraie, liez-la en bottes pour la brûler ; quant au blé, ramassez-le pour le rentrer dans mon grenier." »

## *Prière sur les offrandes*

Avec l'offrande de ce sacrifice, accueille, Seigneur, les prières de tes fidèles ; que cette liturgie célébrée avec ferveur nous fasse parvenir à la gloire du ciel. Par le Christ, notre Seigneur. ***– Amen.***

## *Antienne de la communion*

Des riches ont tout perdu,
ils ont faim ; qui cherche le Seigneur
ne manquera d'aucun bien.
(Ps 33, 11)
*OU*
Quand le Seigneur sera manifesté,
nous lui serons semblables
car nous le verrons tel qu'il est.
(cf. 1 Jn 3, 2)

## *Prière après la communion*

Seigneur, Dieu de majesté, nous t'en supplions humblement : puisque tu nous as nourris du corps et du sang très saints, rends-nous participants de la nature divine. Par le Christ, notre Seigneur. ***– Amen.***



## INVITATION

Ce dimanche, c'est la fête des grands-parents.
Dans ma prière, je peux prononcer le prénom de mes grands-parents.

## COMMENTAIRE

### Voir le bon grain, malgré l'ivraie

Matthieu 13, 24-30

**L'homme a semé du bon grain dans son champ. Il y a consacré du temps, de l'énergie, probablement aussi un peu d'argent. Il a veillé sur ses cultures. Cela n'a pas empêché l'ivraie de pousser. L'ivraie : le terme grec peut aussi être traduit par « zizanie ». La zizanie, donc, s'installe au milieu du champ, là précisément où l'on espérait ne voir que du blé. Expérience qui peut être fréquente, les choses tournent rarement comme prévu. Cela ne doit pas nous empêcher de voir tout le bien qui, lentement mais sûrement, continue de pousser et de grandir autour de nous.** ■

***Bertrand Lesoing,** prêtre de la communauté Saint-Martin*

## ✻ CLÉ DE LECTURE

### « Si vous maintenez le droit »

Jérémie 7, 5 *(p. 163)*

**À la véhémence de Jérémie chassant hors du Temple les hypocrites qui viennent y « blanchir » leurs exactions et leurs violences, la parabole matthéenne opposerait une vision plus clémente du mal qui gangrène les cœurs et l'Église elle-même : que l'ivraie pousse avec le bon grain, Dieu saura reconnaître les siens ! Paradoxalement la dénonciation du prophète conduit davantage à espérer une transformation en profondeur des êtres humains : pourquoi ne sauraient-ils pas enfin maintenir le droit et respecter l'autre aimé de Dieu ? La communauté matthéenne le sait aussi : si le mélange inextricable de l'ivraie et du bon grain est dans le cœur de chacun, la patience de Dieu, elle, est sans fin. Il attend, espère encore et toujours que chacun revienne à lui.** ■

***Roselyne Dupont-Roc,** bibliste*

# DIMANCHE 28 JUILLET 2024

## 17E DIMANCHE DU TEMPS ORDINAIRE

ANNÉE B – COULEUR LITURGIQUE : VERT

*« Ils remplirent douze paniers avec les morceaux des cinq pains d'orge. »* Jean 6, 13



**Jésus nourrit une foule immense.** Cinq pains et deux poissons viennent nourrir cinq mille hommes. Vraiment, Jésus est le Messie annoncé ! À travers ce geste de puissance, le Christ manifeste sa compassion aux foules. Et il ne se contente pas d'enseigner les foules, il prend aussi soin d'elles, en leur apportant la guérison et en leur donnant à manger. Confions nos vies au Ressuscité. Il veille sur nous, corps et âmes.

## RITES INITIAUX

***Chant d'entrée*** *(Suggestions p. 226)*
*OU*
***Antienne d'ouverture***
Dieu se tient dans sa sainte demeure ; Dieu fait habiter les siens unanimes dans sa maison : c'est lui qui donne à son peuple force et puissance. (cf. Ps 67, 6-7.36)

***Suggestion de préparation pénitentielle*** *(ou p. 196)*
Frères et sœurs, le Seigneur prend soin de nous, il nourrit nos corps et nos cœurs. Préparons-nous à célébrer le mystère de l'eucharistie, en reconnaissant que nous avons péché.

Seigneur Jésus, toi qui es juste en toutes tes voies, tu es proche de tous ceux qui t'invoquent. Kyrie, eleison.
***– Kyrie, eleison.***
Ô Christ, toi qui es fidèle en toutes tes œuvres, tu rassasies avec bonté tout ce qui vit. Christe, eleison.
***– Christe, eleison.***
Seigneur, toi qui donnes aux hommes la nourriture au temps voulu, tu veux le bonheur de chacun de nous. Kyrie, eleison.
***– Kyrie, eleison.***

Que Dieu tout-puissant nous fasse miséricorde ; qu'il nous pardonne nos péchés et nous conduise à la vie éternelle. ***– Amen.***

*Gloire à Dieu* (p. 198)

*Prière*

Tu protèges, Seigneur Dieu, ceux qui espèrent en toi ; sans toi, rien n'est fort et rien n'est saint : multiplie pour nous les signes de ta miséricorde, afin que, sous ta conduite et sous ta direction, en faisant un bon usage des biens qui passent, nous puissions déjà nous attacher à ceux qui demeurent. Par Jésus… ***— Amen.***

## LITURGIE DE LA PAROLE

### *Lecture* du deuxième livre des Rois (4, 42-44)

*« On mangera, et il en restera »*

**En ces jours-là, un homme vint de Baal-Shalisha et, prenant sur la récolte nouvelle, il apporta à Élisée, l'homme de Dieu, vingt pains d'orge et du grain frais dans un sac. Élisée dit alors : « Donne-le à tous ces gens pour qu'ils mangent. » Son serviteur répondit : « Comment donner cela à cent personnes ? » Élisée reprit : « Donne-le à tous ces gens pour qu'ils mangent, car ainsi parle le Seigneur : "On mangera, et il en restera." » Alors, il le leur donna, ils mangèrent, et il en resta, selon la parole du Seigneur.**

– Parole du Seigneur.

## *Psaume* 144 (145)

**℟ *Tu ouvres la main, Seigneur : nous voici rassasiés.***

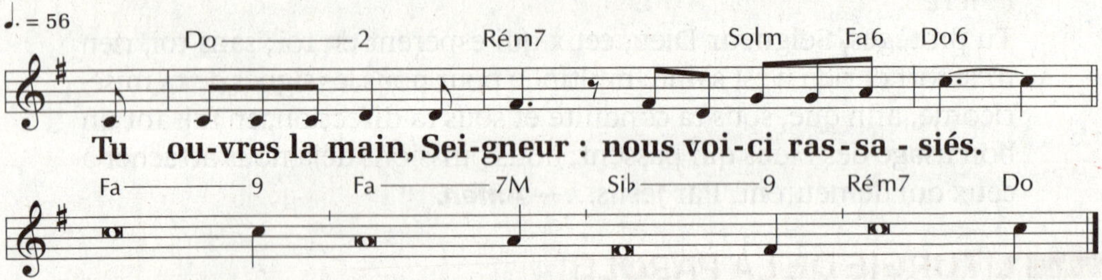


*T. : AELF ; M. : J.-P. Hervy ; Éd. : ADF.*

Que tes œuvres, Seigneur, te rendent grâce
et que tes fidèles te bénissent !
Ils diront la gloire de ton règne,
ils parleront de tes exploits. ℟

Les yeux sur toi, tous, ils espèrent :
tu leur donnes la nourriture au temps voulu ;
tu ouvres ta main :
tu rassasies avec bonté tout ce qui vit. ℟

Le Seigneur est juste en toutes ses voies,
fidèle en tout ce qu'il fait.
Il est proche de ceux qui l'invoquent,
de tous ceux qui l'invoquent en vérité. ℟

Retrouvez ce psaume sur le CD "Les psaumes de l'année B"

**Lecture** de la lettre de saint Paul apôtre aux Éphésiens (4, 1-6)

*« Un seul Corps, un seul Seigneur, une seule foi, un seul baptême »*

**Frères, moi qui suis en prison à cause du Seigneur, je vous exhorte à vous conduire d'une manière digne de votre vocation : ayez beaucoup d'humilité, de douceur et de patience, supportez-vous les uns les autres avec amour ; ayez soin de garder l'unité dans l'Esprit par le lien de la paix. Comme votre vocation vous a tous appelés à une seule espérance, de même il y a un seul Corps et un seul Esprit. Il y a un seul Seigneur, une seule foi, un seul baptême, un seul Dieu et Père de tous, au-dessus de tous, par tous, et en tous.** – Parole du Seigneur.

## *Acclamation de l'Évangile*

***Alléluia. Alléluia.*** Un grand prophète s'est levé parmi nous, et Dieu a visité son peuple. ***Alléluia.***

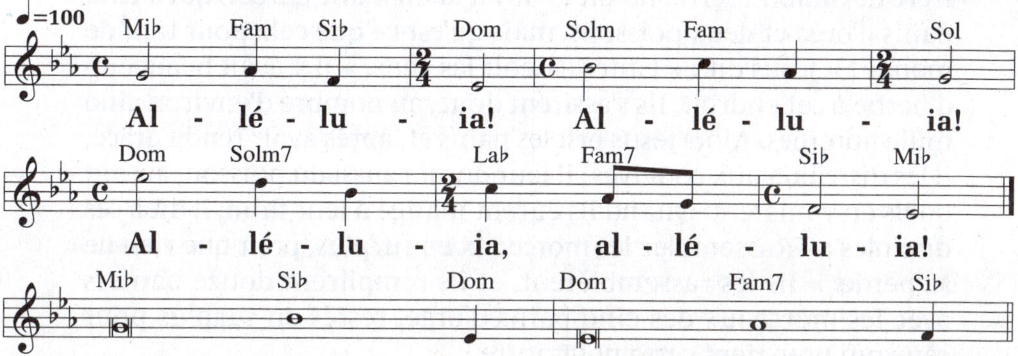


*U 76-99 ; T. : AELF ; M. : P. Robert ; ADF-Musique.*

## *Évangile de Jésus Christ* selon saint Jean (6, 1-15)

*« Il distribua les pains aux convives, autant qu'ils en voulaient »*

En ce temps-là, Jésus passa de l'autre côté de la mer de Galilée, le lac de Tibériade. Une grande foule le suivait, parce qu'elle avait vu les signes qu'il accomplissait sur les malades. Jésus gravit la montagne, et là, il était assis avec ses disciples. Or, la Pâque, la fête des Juifs, était proche. Jésus leva les yeux et vit qu'une foule nombreuse venait à lui. Il dit à Philippe : « Où pourrions-nous acheter du pain pour qu'ils aient à manger ? » Il disait cela pour le mettre à l'épreuve, car il savait bien, lui, ce qu'il allait faire. Philippe lui répondit : « Le salaire de deux cents journées ne suffirait pas pour que chacun reçoive un peu de pain. » Un de ses disciples, André, le frère de Simon-Pierre, lui dit : « Il y a là un jeune garçon qui a cinq pains d'orge et deux poissons, mais qu'est-ce que cela pour tant de monde ! » Jésus dit : « Faites asseoir les gens. » Il y avait beaucoup d'herbe à cet endroit. Ils s'assirent donc, au nombre d'environ cinq mille hommes. Alors Jésus prit les pains et, après avoir rendu grâce, il les distribua aux convives ; il leur donna aussi du poisson, autant qu'ils en voulaient. Quand ils eurent mangé à leur faim, il dit à ses disciples : « Rassemblez les morceaux en surplus, pour que rien ne se perde. » Ils les rassemblèrent, et ils remplirent douze paniers avec les morceaux des cinq pains d'orge, restés en surplus pour ceux qui prenaient cette nourriture.

À la vue du signe que Jésus avait accompli, les gens disaient : « C'est vraiment lui le Prophète annoncé, celui qui vient dans le monde. » Mais Jésus savait qu'ils allaient l'enlever pour faire de lui leur roi ; alors de nouveau il se retira dans la montagne, lui seul.

## *Homélie*

## *Profession de foi* (p. 199)

## *Suggestion de prière universelle*

*Le prêtre :*

Le Christ apporte aux hommes la nourriture au temps voulu. Avec confiance, tournons-nous vers son Père, prions-le pour l'Église et pour le monde.

℟ ***Ô Seigneur, en ce jour, écoute nos prières.***

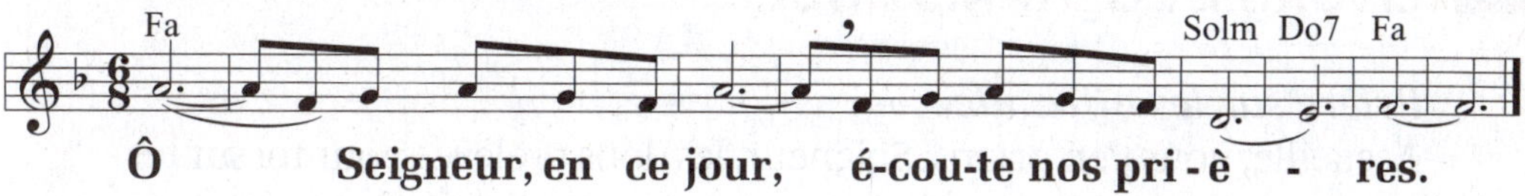


*P 95; ADF © Studio SM; T. : et M. : R. Fau.*

*Le diacre ou un lecteur :*

« Il est proche de ceux qui l'invoquent. » Pour que le sacrement de l'onction des malades soit pour tous un signe visible de compassion et d'espérance pour le monde, prions le Seigneur.

℟ ***Ô Seigneur, en ce jour, écoute nos prières.***

« Où pourrions-nous acheter du pain pour qu'ils aient à manger ? » Pour nos responsables politiques, afin qu'ils veillent à donner des conditions de vie décentes aux agriculteurs en grande difficulté, prions le Seigneur. ℟

« Jésus était assis avec ses disciples. » Pour notre assemblée réunie, afin qu'elle soit un signe de joie et de fraternité pour tous les vacanciers de passage, prions le Seigneur. ℟

*(Ces intentions seront adaptées ou modifiées selon les circonstances.)*

*Le prêtre :*

Dieu notre Père, toi qui veilles sur tous tes enfants, daigne nous exaucer, par le Christ, notre Seigneur. ***— Amen.***

## LITURGIE EUCHARISTIQUE

### *Prière sur les offrandes*

Accueille, nous t'en prions, Seigneur, les dons prélevés pour toi sur tes propres largesses ; que ces mystères très saints, où ta grâce opère avec puissance, sanctifient notre vie de tous les jours et nous conduisent aux joies éternelles. Par le Christ, notre Seigneur. ***— Amen.***

### *Prière eucharistique* *(Préface des dimanches, p. 202)*

***Chant de communion*** *(Suggestions p. 226)*
(Suggestions p. 226)

*OU*

***Antienne de la communion***

Bénis le Seigneur, ô mon âme,
n'oublie aucun de ses bienfaits.
(Ps 102, 2)

*OU*

Heureux les miséricordieux, car ils obtiendront miséricorde.
Heureux les cœurs purs, car ils verront Dieu.
(Mt 5, 7-8)

***Prière après la communion***

Nous avons communié, Seigneur, au sacrement divin, mémorial à jamais de la passion de ton Fils ; nous t'en prions : fais servir à notre salut le don que lui-même nous a légué dans son amour inexprimable. Lui qui… ***— Amen.***

## RITE DE CONCLUSION

***Bénédiction***

***Envoi***

## COMMENTAIRE DU DIMANCHE

**Anne Da,** xavière

# Pas de stock !

La montagne, lieu de la rencontre avec Dieu, encadre le récit du partage des pains. Jésus s'éloigne de la foule qui le suit à la vue des signes accomplis et se rend avec ses disciples sur la montagne. Au terme du récit, ayant finalement nourri de Parole et de pain ceux qui le suivent, Jésus se met de nouveau à l'écart de ceux qui voudraient le faire roi. Il se retire seul sur la montagne et prie le Père.

Jésus entend le besoin des foules. Il s'inscrit dans la tradition du prophète Élisée qui, revêtu de l'Esprit du Seigneur, a nourri une foule avec seulement vingt pains d'orge.

Les deux récits se répondent. Tout au long de l'histoire, l'Esprit du Seigneur, maître d'œuvre, prend soin du pauvre et de l'affamé. La lettre à la communauté d'Éphèse affirme un seul Seigneur, un

seul Dieu et Père de tous, au-dessus de tous, par tous et en tous. La surabondance, signe du pain partagé, fortifie la confiance, la reconnaissance de ceux qui sont rassasiés. Mais cette nourriture ne se garde pas, il n'y a pas de stock !
Élisée ne peut agir sans l'homme venu de Baal-Shalisha, qui prend sur sa récolte et l'offre à l'homme de Dieu. De même, Jésus ne peut pas agir sans le jeune garçon, qui donne ses cinq pains et ses deux poissons. Il a besoin et attend que chacun et chacune de nous entende la clameur des pauvres. Et y réponde en offrant son pain pour nourrir les foules.

Quand ai-je pris le temps de relire la fidélité de Dieu dans mon histoire ?
Comment puis-je offrir de mon pain, pour permettre au Seigneur de s'en saisir afin de nourrir les hommes et les femmes de ce temps ? ■

PrionsenEglise Junior

## LIRE L'ÉVANGILE AVEC LES ENFANTS

## CE QUE JE DÉCOUVRE

Jésus a multiplié ce qu'un jeune garçon
avait apporté : cinq pains et deux poissons.
Cet enfant, c'est chacun de nous :
**Jésus fait avec ce qu'on lui apporte,
ce qu'on lui offre, ce qu'on lui confie.**
Et, avec lui, ce n'est jamais perdu.
Au contraire, Jésus est tellement généreux
qu'il le multiplie, l'améliore, le rend parfait.

## CE QUE JE VIS

As-tu déjà offert quelque chose
à quelqu'un ? Quoi ? À qui ?
Quel sentiment as-tu éprouvé ?
As-tu déjà offert quelque chose à Jésus ? Quoi ?
Quel sentiment as-tu éprouvé ?
**Dans ta prière, remercie Jésus
pour la joie qu'il met dans ton cœur.**

Texte : Frédéric Pascal. Illustrations : Marcelino Truong

MÉDITATION BIBLIQUE

17E DIMANCHE DU TEMPS ORDINAIRE

Évangile selon saint Jean 6, 1-15

# Le miracle du don

**La trame du réel, tissée de dons dont Dieu se saisit pour les élargir, ne nous apparaît pas toujours clairement. En quelques lignes de cet évangile, elle nous est dévoilée.**

## Le temps de la préparation

**« Ils diront la gloire de ton règne, ils parleront de tes exploits. Les yeux sur toi, tous, ils espèrent : tu leur donnes la nourriture au temps voulu ; tu ouvres ta main : tu rassasies avec bonté tout ce qui vit. » (Ps 144, 11.15-16)**

## Le temps de l'observation

Le constat est clair. La foule qui a suivi Jésus sur la montagne est affamée. C'est une situation récurrente dans la Bible. Déjà, dans le désert, le peuple qui avait quitté son confort pour faire confiance à Dieu avait eu faim. Dieu l'avait nourri en lui envoyant la manne tout au long du chemin. Dans l'Évangile, la manne ne tombe pas du ciel, pourtant la nourriture est au rendez-vous grâce à un jeune garçon en possession de cinq pains d'orge et deux poissons. Son repas et sa prévoyance •••

... seront la base qui, démultipliée, permettra de nourrir les nombreuses personnes présentes. Ainsi la multiplication n'est possible que par ce geste par lequel le garçon donne son repas. Autrement dit, Jésus ne réalise cet accroissement que par le don de ce garçon. Avant tout miracle au sujet de la nourriture, c'est bien la multiplication d'un don et le surplus qui en résulte qui sont l'objet de ce passage.

## Le temps de la méditation

Comment dire plus clairement que nous vivons les uns les autres de dons qui nous sont faits, que nous ne méritons pas et que, la plupart du temps, nous ne percevons même pas ? Ce récit sur la montagne vient mettre de la visibilité sur cet invisible qui fait notre quotidien. La vie ne se poursuit, ne se maintient et ne s'enrichit que grâce à un don fait par des personnes qui acceptent de ne pas garder ce qu'elles possèdent mais le partagent. Dieu se saisit de ce geste pour l'élargir, le multiplier et le faire arriver à destination dans les meilleurs délais. La personne qui a donné et celle qui reçoit ne sont pas nécessairement au courant du processus à l'œuvre. Ce que la multiplication des pains et des poissons raconte, nous l'expérimentons chaque jour sans le savoir. Mais le récit est là pour nous ouvrir les yeux sur la trame du réel et nous inviter à la vivre et à y participer en pleine conscience.

## Le temps de la prière

**« Le Seigneur est juste
en toutes ses voies, fidèle
en tout ce qu'il fait. »
(Ps 144, 17)** ■

**Marie-Laure Durand,**
bibliste

## LE SAINT DU MOIS

### 28 JUILLET : BIENHEUREUX STANLEY ROTHER (1935-1981)

# Fidèle jusqu'au martyre

« Dieu est toujours dans le camp de ceux qui souffrent », rappelait saint Jean-Paul II dans l'un de ses ouvrages. C'est habité par la même conviction évangélique qu'en 1968, le jeune prêtre américain Stanley Rother partit pour le Guatemala, alors en pleine guerre civile. Ce fils d'une famille de fermiers de l'Oklahoma avait reçu le sacerdoce cinq ans plus tôt. D'abord vicaire dans son diocèse, il s'était porté volontaire pour rejoindre une mission catholique située dans le village guatémaltèque de Santiago Atitlán. Un village peuplé majoritairement de Tzutuhils, des descendants des Mayas. Le père Rother chercha d'urgence à améliorer les soins•••

© Gaëtan Évrard

••• médicaux et l'alimentation de cette communauté pauvre et marginalisée : il fit bâtir un dispensaire et développa un système d'irrigation. Lui qui, au séminaire, avait peiné à maîtriser le latin, apprit rapidement le tzutuhil ! Cela lui permit de traduire l'Évangile et de célébrer la messe dans la langue locale. De nombreuses conversions s'ensuivirent. Mais le conflit armé qui opposait la junte militaire à la guérilla créait un climat de terreur. Les intimidations, les enlèvements et les assassinats étaient légion : pour protéger des habitants menacés, le père Rother leur offrait de dormir dans l'église ! Son engagement en faveur des Tzutuhils déplaisait à certains. Devenu lui-même une cible, il fut rappelé aux États-Unis en janvier 1981. Mais, trois mois plus tard, le père Rother décidait de revenir à Santiago Atitlán, afin de célébrer Pâques avec ses chers paroissiens : « Un pasteur ne s'enfuit pas », expliqua-t-il. Le 28 juillet 1981, ce curé fidèle et courageux, qui tenait à « prêcher l'Évangile de l'amour et de la non-violence », était assassiné dans son presbytère par un commando. Stanley Rother a été béatifié le 23 septembre 2017 à Oklahoma City. Il est le premier bienheureux né aux États-Unis à être vénéré comme martyr. ■

**Xavier Lecœur,** journaliste

## UN SAINT POUR AUJOURD'HUI

La vie héroïque du bienheureux Stanley Rother rappelle aux catholiques que la dignité humaine n'est pas négociable et qu'elle doit être défendue avec force, sous toutes les latitudes. En commençant, bien sûr, par la dignité des plus pauvres, des plus fragiles, des plus petits.

# LUNDI 29 JUILLET 2024

COULEUR LITURGIQUE : BLANC

**Saintes Marthe, Marie et saint Lazare**

*I<sup></sup>er siècle. Les noms de Marthe, Lazare et Marie de Béthanie évoquent cette famille amie où Jésus se sentait si bien accueilli.*

## *Antienne d'ouverture*

**Jésus entra dans un village.**
**Une femme nommée Marthe le reçut dans sa maison.** cf. Lc 10, 38

## *Prière*

Seigneur Dieu, ton Fils rappela à la vie Lazare qui gisait dans le tombeau, et il accepta l'hospitalité que Marthe lui offrait dans sa maison ; nous t'en prions, accorde-nous d'être fidèles à servir le Christ en nos frères et de mériter ainsi d'être nourris avec Marie par la méditation de sa parole. Lui qui… — ***Amen.***

*Lectures propres à la mémoire de saintes Marthe, Marie et saint Lazare.*

## *Lecture*

de la première lettre de saint Jean (4, 7-16)

*« Si nous nous aimons les uns les autres, Dieu demeure en nous »*

**Bien-aimés, aimons-nous les uns les autres, puisque l'amour vient de Dieu. Celui qui aime est né de Dieu et connaît Dieu. Celui qui n'aime pas n'a pas connu Dieu, car Dieu est amour.**

**Voici comment l'amour de Dieu s'est manifesté parmi nous : Dieu a envoyé son Fils unique dans le monde pour que nous vivions par lui. Voici en quoi consiste l'amour : ce n'est pas nous qui avons aimé Dieu, mais c'est**

lui qui nous a aimés, et il a envoyé son Fils en sacrifice de pardon pour nos péchés.
Bien-aimés, puisque Dieu nous a tellement aimés, nous devons, nous aussi, nous aimer les uns les autres. Dieu, personne ne l'a jamais vu. Mais si nous nous aimons les uns les autres, Dieu demeure en nous, et, en nous, son amour atteint la perfection. Voici comment nous reconnaissons que nous demeurons en lui et lui en nous : il nous a donné part à son Esprit*. Quant à nous, nous avons vu et nous attestons que le Père a envoyé son Fils comme Sauveur du monde. Celui qui proclame que Jésus est le Fils de Dieu, Dieu demeure en lui, et lui en Dieu. Et nous, nous avons reconnu l'amour que Dieu a pour nous, et nous y avons cru. Dieu est amour : qui demeure dans l'amour demeure en Dieu, et Dieu demeure en lui.
– Parole du Seigneur.

## *Psaume* 33 (34)

℟ ***Je bénirai le Seigneur en tout temps.***
*OU :* ***Goûtez et voyez comme est bon le Seigneur.***

Je bénirai le Seigne_u_r en tout temps,
sa louange sans c_e_sse à mes lèvres.
Je me glorifier_a_i dans le Seigneur :
que les pauvres m'ent_e_ndent et soient en fête ! ℟

Magnifiez avec m_o_i le Seigneur,
exaltons tous ens_e_mble son nom.
Je cherche le Seigne_u_r, il me répond :
de toutes mes fraye_u_rs, il me délivre. ℟

Qui regarde vers lu_i_ resplendira,
sans ombre ni tro_u_ble au visage.
Un pauvre crie ; le Seigne_u_r entend :
il le sauve de to_u_tes ses angoisses. ℟

L'ange du Seigneur c**a**mpe alentour
pour libér**e**r ceux qui le craignent.
Goûtez et voyez : le Seigne**u**r est bon !
Heureux qui trouve en lu**i**
son refuge ! ℟

Saints du Seigne**u**r, adorez-le :
rien ne manque à ce**u**x qui le craignent.
Des riches ont tout perd**u**, ils ont faim ;
qui cherche le Seigneur
ne manquer**a** d'aucun bien. ℟

### *Acclamation de l'Évangile*

***Alléluia.*** Alléluia. Moi, je suis la lumière du monde, dit le Seigneur. Celui qui me suit aura la lumière de la vie. ***Alléluia.***

## *Évangile de Jésus Christ*

selon saint Jean (11, 19-27)

*« Je crois que tu es le Christ, le Fils de Dieu »*

En ce temps-là, beaucoup de Juifs étaient venus réconforter Marthe et Marie au sujet de leur frère. Lorsque Marthe apprit l'arrivée de Jésus, elle partit à sa rencontre, tandis que Marie restait assise à la maison. Marthe dit à Jésus : « Seigneur, si tu avais été ici, mon frère ne serait pas mort. Mais maintenant encore, je le sais, tout ce que tu demanderas à Dieu, Dieu te l'accordera. » Jésus lui dit : « Ton frère ressuscitera. » Marthe reprit : « Je sais qu'il ressuscitera à la résurrection, au dernier jour. » Jésus lui dit : « Moi, je suis la résurrection et la vie. Celui qui croit en moi, même s'il meurt, vivra ; quiconque vit et croit en moi ne mourra jamais. Crois-tu cela ? » Elle répondit : « Oui, Seigneur, je le crois : tu es le Christ, le Fils de Dieu, tu es celui qui vient dans le monde. »

*On peut aussi lire Luc 10, 38-42.*

### *Prière sur les offrandes*

Nous proclamons tes merveilles, accomplies pour tes bienheureux amis, Seigneur, Dieu de majesté, et nous te supplions humblement : toi qui appréciais le dévouement de leur charité, accepte l'hommage de notre service. Par le Christ, notre Seigneur. **— *Amen.***

### *Antienne de la communion*

Marthe dit à Jésus :
« Tu es le Christ,
le Fils du Dieu vivant,
celui qui vient dans le monde. »
(Jn 11, 27)

### *Prière après la communion*

Seigneur, que la communion au corps et au sang de ton Fils unique nous détache des réalités passagères ; ainsi nous serons capables, à l'exemple des bienheureux Marthe, Marie et Lazare, de te servir sur la terre par une vraie charité et de connaître au ciel la joie de te contempler sans fin. Par le Christ, notre Seigneur. **— *Amen.***

## INVITATION

Tout en méditant l'évangile de ce lundi, je pourrais planter une graine dans mon jardin ou sur mon balcon (fin juillet, on peut planter du radis, de la courgette, de la mâche...).

## COMMENTAIRE

### Porte-Parole

Jean 11, 19-27

**Dans ce passage du récit de la résurrection de Lazare, la foi est convoquée. Le signe offert ne sera pas lié à l'attente d'amis mais à la foi. Les proches de Jésus ont ce chemin à faire, ce déplacement, de la dette d'amitié à la foi nue. Marthe, une femme, confesse la foi des disciples, se fait porte-parole du Maître auprès de sa sœur, de toutes ses sœurs et tous ses frères d'aujourd'hui : croire et vivre.** ■

***Colette Hamza**, xavière*

## ✲ CLÉ DE LECTURE

### « Il nous a donné part à son Esprit »

1 Jean 4, 13 *(p. 184)*

**Nul n'a jamais vu Dieu. Comment le connaître alors, reconnaître sa présence ? Le texte, déjà trinitaire, ne craint pas le paradoxe, il affirme : « Nous avons vu et nous attestons. » Ce que nous avons vu, rencontré, c'est cet homme Jésus. Comment voir se refléter en lui la gloire du Père, son amour infini pour tous ? Dieu, poursuit le texte, nous a donné part à son Esprit, littéralement « il nous l'a donné ». En nous, écrivait Paul, l'Esprit de Dieu crie : *Abba,* Père ! Ce même Esprit, qui soutient et renouvelle le nôtre, nous permet de voir dans le Crucifié le Fils aimé de Dieu, parmi les plus exclus. Ce même Esprit, qui demeure en nous, nous pousse à reconnaître en chacun de ceux que nous approchons la présence et le visage du Dieu qui les aime.** ■

***Roselyne Dupont-Roc**, bibliste*

# MARDI 30 JUILLET 2024

**17E SEMAINE DU TEMPS ORDINAIRE COULEUR LITURGIQUE : VERT**

**Temps ordinaire,** *suggestion d'oraisons et d'antiennes n° 29*
*ou* **saint Pierre Chrysologue**

### *Antienne d'ouverture*

**Je t'appelle, toi, le Dieu qui répond : écoute-moi,
entends ce que je dis. Garde-moi comme la prunelle de l'œil ;
à l'ombre de tes ailes, cache-moi.** (Ps 16, 6.8)

### *Prière*

Dieu éternel et tout-puissant, fais-nous toujours agir pour toi d'une volonté ardente, et servir ta gloire d'un cœur sans partage. Par Jésus… ***— Amen.***

## *Lecture*

du livre du prophète Jérémie (14, 17-22)

*« Seigneur, rappelle-toi : ne romps pas ton alliance avec nous ! »*

**Que mes yeux ruissellent de larmes nuit et jour, sans s'arrêter ! Elle est blessée d'une grande blessure, la vierge, la fille de mon peuple, meurtrie d'une plaie profonde. Si je sors dans la campagne, voici les victimes de l'épée; si j'entre dans la ville, voici les souffrants de la faim. Même le prophète, même le prêtre parcourent le pays sans comprendre. As-tu donc rejeté Juda ? Es-tu pris de dégoût pour Sion ? Pourquoi nous frapper sans remède ? Nous attendions la paix, et rien de bon ! le temps du remède, et voici l'épouvante ! Seigneur, nous connaissons notre révolte, la faute de nos**

pères : oui, nous avons péché contre toi ! À cause de ton nom, ne méprise pas, n'humilie pas le trône de ta gloire ! Rappelle-toi : ne romps pas ton alliance avec nous ! Parmi les idoles des nations, en est-il qui fassent pleuvoir ? Est-ce le ciel qui nous donnera les pluies ? N'est-ce pas toi, Seigneur notre Dieu ? Nous espérons en toi, car c'est toi qui as fait tout cela. – Parole du Seigneur.

## *Psaume* 78 (79)

℟ ***Pour la gloire de ton nom, Seigneur, délivre-nous !***

Combien de temps, Seigneur,
durera ta colère ?
Ne retiens pas contre nous les péchés
de nos ancêtres :
que nous vienne bientôt ta tendresse,
car nous sommes à bout de force ! ℟

Aide-nous, Dieu notre Sauveur,
pour la gloire de ton nom !
Délivre-nous, efface nos fautes,
pour la cause de ton nom ! ℟

Que monte en ta présence
la plainte du captif !
Ton bras est fort :
épargne ceux qui doivent mourir.
Et nous, ton peuple,
le troupeau que tu conduis,
sans fin nous pourrons te rendre grâce. ℟

## *Acclamation de l'Évangile*

***Alléluia. Alléluia.*** La semence est la parole de Dieu, le semeur est le Christ ; celui qui le trouve demeure pour toujours. ***Alléluia.***

## Évangile de Jésus Christ

selon saint Matthieu (13, 36-43)

*« De même que l'on enlève l'ivraie pour la jeter au feu, ainsi en sera-t-il à la fin du monde »*

En ce temps-là, laissant les foules, Jésus vint à la maison. Ses disciples s'approchèrent et lui dirent : « Explique-nous clairement la parabole de l'ivraie dans le champ. » Il leur répondit : « Celui qui sème le bon grain, c'est le Fils de l'homme ; le champ, c'est le monde ; le bon grain, ce sont les fils du Royaume ; l'ivraie, ce sont les fils du Mauvais. L'ennemi qui l'a semée, c'est le diable ; la moisson, c'est la fin du monde ; les moissonneurs, ce sont les anges. De même que l'on enlève l'ivraie pour la jeter au feu, ainsi en sera-t-il à la fin du monde. Le Fils de l'homme enverra ses anges, et ils enlèveront de son Royaume toutes les causes de chute et ceux qui font le mal ; ils les jetteront dans la fournaise : là, il y aura des pleurs et des grincements de dents. Alors les justes resplendiront comme le soleil dans le royaume de leur Père. Celui qui a des oreilles, qu'il entende ! »

### Prière sur les offrandes

Accorde-nous, Seigneur, nous t'en prions, de te servir d'un cœur libre en te présentant ces dons ; puissions-nous, par un effet de ta grâce, être purifiés par ces mystères que nous célébrons. Par le Christ, notre Seigneur. ***— Amen.***

### Antienne de la communion

Le Seigneur veille sur ceux qui le craignent, qui mettent leur espoir en sa miséricorde, pour délivrer leur âme de la mort, les nourrir aux jours de famine. (cf. Ps 32, 18-19)

*OU*

Le Fils de l'homme est venu
pour donner sa vie en rançon
pour la multitude.
(cf. Mc 10, 45)

## *Prière après la communion*

Accorde-nous, Seigneur, nous t'en prions, de progresser en participant aux réalités du ciel ; ainsi, nous serons soutenus par tes bienfaits en ce temps et façonnés par ceux de l'éternité. Par le Christ, notre Seigneur. **— *Amen.***

## INVITATION

C'est la Journée internationale de l'amitié. Je pourrais envoyer un petit message à un ami, pour lui dire combien il compte pour moi.

## COMMENTAIRE

**Aimable tri** Matthieu 13, 36-43

**Jésus a raconté la parabole de l'ivraie. Le langage symbolique n'est finalement pas si simple puisque les disciples demandent des explications. L'ivraie prolifère et a tendance à tout envahir. Il ne nous appartient pas de faire le tri au risque de tout perdre. Laissons cela au regard aimant de Dieu qui sait en nous, en chacun et chacune, récolter le bon grain et écarter avec délicatesse l'ivraie de nos vies. ■**

***Colette Hamza**, xavière*

# MERCREDI 31 JUILLET 2024

**17E SEMAINE DU TEMPS ORDINAIRE COULEUR LITURGIQUE : BLANC**

**Saint Ignace de Loyola**

*1491-1556. Fondateur de la Compagnie de Jésus. Ses* Exercices spirituels *tracent un chemin à qui veut consacrer sa vie à la gloire de Dieu. Canonisé en 1622.*

### *Antienne d'ouverture*

**Au nom de Jésus, que tout genou fléchisse au ciel,**
**sur terre et aux enfers, et que toute langue proclame :**
**« Jésus Christ est Seigneur » à la gloire de Dieu le Père.** (cf. Ph 2, 10-11)

### *Prière*

Seigneur Dieu, pour que rayonne la plus grande gloire de ton nom, tu as suscité dans ton Église saint Ignace de Loyola ; fais qu'avec son aide et à son exemple, après avoir combattu sur la terre, nous partagions sa victoire dans le ciel. Par Jésus… ***— Amen.***

## *Lecture*

du livre du prophète Jérémie (15, 10.16-21)

*« Pourquoi ma souffrance est-elle sans fin ?*
*– Si tu reviens, tu reprendras ton service devant moi »*

**C'est pour mon malheur, ô ma mère, que tu m'as enfanté, homme de querelle et de dispute pour tout le pays. Je ne suis le créancier ni le débiteur de personne, et pourtant tout le monde me maudit ! Seigneur, quand je rencontrais tes paroles, je les dévorais ; elles faisaient ma joie, les délices de mon cœur, parce que ton nom était invoqué sur moi,**

Seigneur, Dieu de l'univers. Jamais je ne me suis assis dans le cercle des moqueurs pour m'y divertir ; sous le poids de ta main, je me suis assis à l'écart, parce que tu m'as rempli d'indignation. Pourquoi ma souffrance est-elle sans fin, ma blessure, incurable, refusant la guérison ? Serais-tu pour moi un mirage, comme une eau incertaine ? Voilà pourquoi, ainsi parle le Seigneur : « Si tu reviens, si je te fais revenir, tu reprendras ton service devant moi. Si tu sépares ce qui est précieux de ce qui est méprisable, tu seras comme ma propre bouche. C'est eux qui reviendront vers toi, et non pas toi qui reviendras vers eux. Je fais de toi pour ce peuple un rempart de bronze infranchissable ; ils te combattront, mais ils ne pourront rien contre toi, car je suis avec toi pour te sauver et te délivrer – oracle du Seigneur. Je te délivrerai de la main des méchants, je t'affranchirai de la poigne des puissants. »

– Parole du Seigneur.

## *Psaume* 58 (59)

℟ ***Dieu, mon rempart au temps de la détresse !***

Délivre-moi de mes ennem**i**s,
mon Dieu ;
de mes agresse**u**rs, protège-moi.
Délivre-moi des h**o**mmes criminels ;
des meurtri**e**rs, sauve-moi. ℟

Voici qu'on me prép**a**re une embuscade :
des puissants se j**e**ttent sur moi.
Je n'ai commis ni faute, ni péché,
ni le m**a**l, Seigneur,
pourtant ils acco**u**rent et s'installent. ℟

Auprès de toi, ma forter**e**sse, je veille ;
oui, mon remp**a**rt, c'est Dieu !
Le Dieu de mon amo**u**r vient à moi :
avec lui je déf**i**e mes adversaires. ℟

Et moi, je chanterai ta force,
au matin j'acclamerai ton amour.
Tu as été pour moi un rempart,
un refuge au temps de ma détresse. ℟

Je te fêterai, toi, ma forteresse :
oui, mon rempart, c'est Dieu,
le Dieu de mon amour. ℟

### *Acclamation de l'Évangile*

***Alléluia. Alléluia.*** Je vous appelle mes amis, dit le Seigneur, car tout ce que j'ai entendu de mon Père, je vous l'ai fait connaître. ***Alléluia.***

## *Évangile de Jésus Christ*

selon saint Matthieu (13, 44-46)

*« Il va vendre tout ce qu'il possède, et il achète ce champ »*

**En ce temps-là, Jésus disait aux foules : « Le royaume des Cieux est comparable à un trésor caché dans un champ ; l'homme qui l'a découvert le cache de nouveau. Dans sa joie, il va vendre tout ce qu'il possède, et il achète ce champ. Ou encore : Le royaume des Cieux est comparable à un négociant qui recherche des perles fines. Ayant trouvé une perle de grande valeur, il va vendre tout ce qu'il possède, et il achète la perle. »**

### *Prière sur les offrandes*

Que l'offrande présentée en la fête de saint Ignace te soit agréable, Seigneur Dieu : et que ces mystères sacrés, dont tu as fait la source de toute sainteté, nous sanctifient nous aussi dans la vérité. Par le Christ, notre Seigneur. ***— Amen.***

### *Antienne de la communion*

Je suis venu apporter un feu
sur la terre, dit le Seigneur,
et comme je voudrais qu'il soit déjà
allumé !
(cf. Lc 12, 49)

### *Prière après la communion*

Que le sacrifice de louange, Seigneur, offert pour te rendre grâce en l'honneur de saint Ignace, nous conduise à louer sans fin ton immense gloire. Par le Christ, notre Seigneur. ***— Amen.***

## INVITATION

Nous fêtons aujourd'hui Ignace de Loyola, un bon jour pour relire ce mois de juillet en m'aidant de ses *Exercices spirituels.*

## COMMENTAIRE

**La soif du Royaume** Matthieu 13, 44-46

**Le Royaume est ici comparé à un trésor, puis à un chercheur de perles. Il est à la fois le trésor et celui qui le cherche, l'objet et le sujet de la quête. Le Royaume devient perle ou trésor quand il est une soif, un désir passionné. La perle est de grand prix, car sa quête est démesure, amour fou prêt à tout pour l'obtenir. Chercher, tout vendre et se donner soi-même c'est cela qui a du prix aux yeux de Dieu. ■**

***Colette Hamza,** xavière*

# Liturgie de la messe

## RITES INITIAUX

*Le chant d'entrée achevé, le prêtre et les fidèles, debout, font le signe de la croix, tandis que le prêtre, tourné vers le peuple, dit :*

Au nom du Père, et du Fils, et du Saint-Esprit.

*Le peuple répond :*

***— Amen.***

### *Salutation*

La grâce de Jésus, le Christ, notre Seigneur, l'amour de Dieu le Père, et la communion de l'Esprit Saint soient toujours avec vous.

***— Et avec votre esprit.***

*Ou bien :* Que la grâce et la paix de Dieu notre Père et du Seigneur Jésus, le Christ, soient toujours avec vous.

***— Et avec votre esprit.***

*Ou bien :* Le Seigneur soit avec vous.

***— Et avec votre esprit.***

### *Acte pénitentiel*

Frères et sœurs, préparons-nous à célébrer le mystère de l'eucharistie, en reconnaissant que nous avons péché.

(1) Je confesse à Dieu tout-puissant, je reconnais devant vous, frères et sœurs, que j'ai péché en pensée, en parole, par action et par omission ; oui, j'ai vraiment péché. C'est pourquoi je supplie la bienheureuse Vierge Marie, les anges et tous les saints, et vous aussi, frères et sœurs, de prier pour moi le Seigneur notre Dieu.

(2) Prends pitié de nous, Seigneur. **— *Nous avons péché contre toi.***
Montre-nous, Seigneur, ta miséricorde. **— *Et donne-nous ton salut.***

(3) Seigneur Jésus, envoyé pour guérir les cœurs qui reviennent vers toi :
Seigneur, prends pitié. **— *Seigneur, prends pitié.***
Ô Christ, venu appeler les pécheurs : ô Christ, prends pitié.
**— *Ô Christ, prends pitié.***
Seigneur, qui sièges à la droite du Père où tu intercèdes pour nous :
Seigneur, prends pitié. **— *Seigneur, prends pitié.***

Que Dieu tout-puissant nous fasse miséricorde ; qu'il nous pardonne nos péchés et nous conduise à la vie éternelle. **— *Amen.***

*Ensuite, on chante ou on dit le Kyrie eleison (Seigneur, prends pitié), à moins qu'il n'ait été déjà employé dans une formule de l'acte pénitentiel (c'est le cas de la précédente).*

Kyrie, eleison. **— *Kyrie, eleison.***
Christe, eleison. **— *Christe, eleison.***
Kyrie, eleison. **— *Kyrie, eleison.***
*ou bien :* Seigneur, prends pitié. **— *Seigneur, prends pitié.***
Ô Christ, prends pitié. **— *Ô Christ, prends pitié.***
Seigneur, prends pitié. **— *Seigneur, prends pitié.***

## *Gloire à Dieu*

Gloire à Dieu, au plus haut des cieux, et paix sur la terre aux hommes, qu'il aime. Nous te louons, nous te bénissons, nous t'adorons, nous te glorifions, nous te rendons grâce, pour ton immense gloire, Seigneur Dieu, Roi du ciel, Dieu le Père tout-puissant.
Seigneur, Fils unique, Jésus Christ, Seigneur Dieu, Agneau de Dieu, le Fils du Père ;
toi qui enlèves les péchés du monde, prends pitié de nous ;
toi qui enlèves les péchés du monde, reçois notre prière ;
toi qui es assis à la droite du Père, prends pitié de nous.
Car toi seul es Saint, toi seul es Seigneur, toi seul es le Très-Haut :
Jésus Christ, avec le Saint-Esprit dans la gloire de Dieu le Père. Amen.

*Gloria in excelsis Deo et in terra pax hominibus bonæ voluntatis. Laudamus te, benedicimus te, adoramus te, glorificamus te, gratias agimus tibi propter magnam gloriam tuam, Domine Deus, Rex cælestis, Deus Pater omnipotens. Domine Fili unigenite, Iesu Christe, Domine Deus, Agnus Dei, Filius Patris, qui tollis peccata mundi, miserere nobis ; qui tollis peccata mundi, suscipe deprecationem nostram. Qui sedes ad dexteram Patris, miserere nobis.*
*Quoniam tu solus Sanctus, tu solus Dominus, tu solus Altissimus,*
*Iesu Christe, cum Sancto Spiritu : in gloria Dei Patris. Amen.*

## *Prière d'ouverture*

*Voir à la date du jour.*

## LITURGIE DE LA PAROLE

*Voir à la date du jour.*

# *Profession de foi*

**Symbole de Nicée-Constantinople**

Je crois en un seul Dieu, le Père tout-puissant,
créateur du ciel et de la terre, de l'univers visible et invisible.
Je crois en un seul Seigneur, Jésus Christ, le Fils unique de Dieu,
né du Père avant tous les siècles : il est Dieu, né de Dieu,
lumière née de la lumière, vrai Dieu, né du vrai Dieu,
engendré, non pas créé, consubstantiel au Père, et par lui tout a été fait.
Pour nous les hommes, et pour notre salut, il descendit du ciel ;
par l'Esprit Saint, il a pris chair de la Vierge Marie, et s'est fait homme.
Crucifié pour nous sous Ponce Pilate,
il souffrit sa passion et fut mis au tombeau.
Il ressuscita le troisième jour, conformément aux Écritures,
et il monta au ciel ; il est assis à la droite du Père.
Il reviendra dans la gloire, pour juger les vivants et les morts ;
et son règne n'aura pas de fin.
Je crois en l'Esprit Saint, qui est Seigneur et qui donne la vie ;
il procède du Père et du Fils ; avec le Père et le Fils,
il reçoit même adoration et même gloire ; il a parlé par les prophètes.
Je crois en l'Église, une, sainte, catholique et apostolique.
Je reconnais un seul baptême pour le pardon des péchés.
J'attends la résurrection des morts, et la vie du monde à venir. Amen.

*Credo in unum, Patrem omnipotentem,*
*Factorem cæli et terræ, visibilium omnium et invisibilium.*
*Et in unum Dominum Iesum Christum, Filium Dei unigenitum,*
*et ex Patre natum ante omnia sæcula.*
*Deum de Deo, lumen de lumine, Deum verum de Deo vero, genitum,*
*non factum, consubstantialem Patri : per quem omnia facta sunt.*
*Qui propter nos homines et propter nostram salutem descendit de cælis.*
*Et incarnatus est de Spiritu Sancto ex Maria Virgine, et homo factus est.*
*Crucifixus etiam pro nobis sub Pontio Pilato ;*
*passus et sepultus est, et resurrexit tertia die, secundum Scripturas,*
*et ascendit in cælum, sedet ad dexteram Patris.*
*Et iterum venturus est cum gloria, iudicare vivos et mortuos,*
*cuius regni non erit finis.*
*Et in Spiritum Sanctum, Dominum et vivificantem :*
*qui ex Patre Filioque procedit.*
*Qui cum Patre et Filio simul adoratur et conglorificatur :*
*qui locutus est per prophetas.*
*Et unam, sanctam, catholicam et apostolicam Ecclesiam.*
*Confiteor unum baptisma in remissionem peccatorum.*
*Et exspecto resurrectionem mortuorum, et vitam venturi sæculi.*
*Amen.*

**Symbole des Apôtres**

Je crois en Dieu, le Père tout-puissant, créateur du ciel et de la terre.
Et en Jésus Christ, son Fils unique, notre Seigneur,
qui a été conçu du Saint-Esprit, est né de la Vierge Marie,
a souffert sous Ponce Pilate, a été crucifié, est mort et a été enseveli,
est descendu aux enfers, le troisième jour est ressuscité des morts,
est monté aux cieux, est assis à la droite de Dieu le Père tout-puissant,
d'où il viendra juger les vivants et les morts.
Je crois en l'Esprit Saint, à la sainte Église catholique,
à la communion des saints, à la rémission des péchés,
à la résurrection de la chair, à la vie éternelle. Amen.

## *Prière universelle*

# LITURGIE EUCHARISTIQUE

## *Préparation des dons*

Tu es béni, Seigneur, Dieu de l'univers : nous avons reçu de ta bonté le pain que nous te présentons, fruit de la terre et du travail des hommes ; il deviendra pour nous le pain de la vie. ***— Béni soit Dieu, maintenant et toujours !***

*Comme cette eau se mêle au vin pour le sacrement de l'Alliance, puissions-nous être unis à la divinité de celui qui a voulu prendre notre humanité.*

Tu es béni, Seigneur, Dieu de l'univers : nous avons reçu de ta bonté le vin que nous te présentons, fruit de la vigne et du travail des hommes ; il deviendra pour nous le vin du Royaume éternel.
***— Béni soit Dieu, maintenant et toujours !***

*Le cœur humble et contrit, nous te supplions, Seigneur, accueille-nous : que notre sacrifice, en ce jour, trouve grâce devant toi, Seigneur notre Dieu. Lave-moi de mes fautes, Seigneur, et purifie-moi de mon péché.*

## Prière sur les offrandes

Priez, frères et sœurs : que mon sacrifice, qui est aussi le vôtre, soit agréable à Dieu le Père tout-puissant.

***— Que le Seigneur reçoive de vos mains ce sacrifice à la louange et à la gloire de son nom, pour notre bien et celui de toute l'Église.***

*Ou bien :*

Prions ensemble, au moment d'offrir le sacrifice de toute l'Église.

***— Pour la gloire de Dieu et le salut du monde.***

## Prière eucharistique

Le Seigneur soit avec vous. ***— Et avec votre esprit.***

Élevons notre cœur. ***— Nous le tournons vers le Seigneur.***

Rendons grâce au Seigneur notre Dieu. ***— Cela est juste et bon.***

## Préfaces

### 6e préface des dimanches

*Les arrhes de la Pâque éternelle*

Vraiment, il est juste et bon, pour ta gloire et notre salut, de t'offrir notre action de grâce, toujours et en tout lieu, Seigneur, Père très saint, Dieu éternel et tout-puissant. C'est en toi que nous sont donnés la vie, le mouvement et l'être ; dans notre corps, nous éprouvons chaque jour les effets de ta tendresse, et nous avons déjà la promesse de la vie éternelle : nous avons reçu les premiers dons de l'Esprit par qui tu as ressuscité Jésus d'entre les morts, et nous tenons cette espérance que vive à jamais en nous le mystère de Pâques. C'est pourquoi nous te louons avec tous les anges et, dans la joie, nous te célébrons en proclamant :

***Saint ! Saint ! Saint...***

## 7e préface des dimanches

*Sauvés par l'obéissance du Christ*

Vraiment, il est juste et bon, pour ta gloire et notre salut, de t'offrir notre action de grâce, toujours et en tout lieu, Seigneur, Père très saint, Dieu éternel et tout-puissant. Dans ta miséricorde, tu as tellement aimé le monde que tu nous as envoyé le Rédempteur ; tu l'as voulu à notre ressemblance en toute chose à l'exception du péché, afin d'aimer en nous ce que tu aimais en lui ; tes dons que nous avions perdus par la désobéissance du péché, nous les retrouvons par l'obéissance de ton Fils. C'est pourquoi, avec les anges et tous les saints, nous te louons, Seigneur, et nous exultons de joie en proclamant :

***Saint ! Saint ! Saint...***

## 8e préface des dimanches

*L'Église unifiée par l'unité de la Trinité*

Vraiment, il est juste et bon, pour ta gloire et notre salut, de t'offrir notre action de grâce, toujours et en tout lieu, Seigneur, Père très saint, Dieu éternel et tout-puissant. Par le sang de ton Fils et la force de l'Esprit, tu as voulu réunir auprès de toi tes enfants que le péché avait éloignés ; et ce peuple qui tient son unité de la Trinité sainte, à la louange de ta sagesse infinie, c'est l'Église, corps du Christ et temple de l'Esprit. C'est pourquoi, unissant nos voix à celles des anges, nous te louons dans la joie en proclamant :

***Saint ! Saint ! Saint...***

## 1re préface commune

*Récapitulation de toutes choses dans le Christ*

Vraiment, il est juste et bon, pour ta gloire et notre salut, de t'offrir notre action de grâce, toujours et en tout lieu, Seigneur, Père très saint, Dieu éternel et tout-puissant, par le Christ, notre Seigneur. En lui tu as voulu récapituler toutes choses, et tu nous as fait partager la vie qu'il possède en plénitude. Lui qui est de condition divine, il s'est anéanti pour donner au monde la paix par le sang de sa croix ; élevé au-dessus de toute créature, il est devenu pour tous ceux qui lui obéissent la cause du salut éternel. C'est pourquoi, avec les anges et les archanges, avec les puissances d'en haut et tous les esprits bienheureux, nous chantons l'hymne de ta gloire et sans fin nous proclamons :

***Saint ! Saint ! Saint…***

## 3e préface commune

*Louange à Dieu pour la Création et la régénération de l'homme*

Vraiment, il est juste et bon, pour ta gloire et notre salut, de t'offrir notre action de grâce, toujours et en tout lieu, Seigneur, Père très saint, Dieu éternel et tout-puissant. C'est par ton Fils bien-aimé que tu as formé le genre humain ; et c'est encore par lui que, dans ta grande bonté, tu le renouvelles. Voilà pourquoi toutes les créatures te servent, le peuple que tu as racheté célèbre ta louange, les saints te bénissent d'un seul cœur. Et déjà nous pouvons te louer avec tous les anges, et, dans la joie, nous ne cessons de proclamer : ***Saint ! Saint ! Saint…***

## 5e préface commune

*Proclamation du mystère du Christ*

Vraiment, il est juste et bon, pour ta gloire et notre salut, de t'offrir notre action de grâce, toujours et en tout lieu, Seigneur, Père très saint, Dieu éternel et tout-puissant, par le Christ, notre Seigneur. Le rappel de sa mort provoque notre amour, l'annonce de sa résurrection ravive notre foi, et l'attente de sa venue dans la gloire affermit notre espérance. C'est pourquoi, avec les saints et tous les anges, nous te louons et sans fin nous proclamons : ***Saint ! Saint ! Saint...***

## 2e préface de la Vierge Marie

*L'Église loue Dieu avec les paroles de Marie*

Vraiment, Père très saint, il est juste et bon, pour ta gloire et notre salut, de te proclamer admirable dans le triomphe de tous les saints, et, plus encore, de dire la grandeur de ta bonté pour fêter la bienheureuse Vierge Marie, en reprenant son cantique d'action de grâce. Oui, tu as fait des merveilles pour la terre entière et tu as étendu ta miséricorde à tous les âges, en choisissant ton humble servante pour donner au monde le Sauveur, ton Fils, le Seigneur Jésus Christ. Par lui, les anges adorent ta majesté et se réjouissent en ta présence à jamais. À leur hymne de louange, laisse-nous joindre nos voix pour chanter et proclamer : ***Saint ! Saint ! Saint...***

## 1re préface des Apôtres

*Les Apôtres, pasteurs du peuple de Dieu*

Vraiment, il est juste et bon, pour ta gloire et notre salut, de t'offrir notre action de grâce, toujours et en tout lieu, Seigneur, Père très saint, Dieu éternel et tout-puissant. Tu n'abandonnes pas ton troupeau, Pasteur éternel, mais tu le gardes par les bienheureux Apôtres sous ta constante protection, pour qu'il soit dirigé par ceux-là mêmes que tu as établis à sa tête comme pasteurs au nom de ton Fils. C'est pourquoi, avec les anges et les archanges, avec les puissances d'en haut et tous les esprits bienheureux, nous chantons l'hymne de ta gloire et sans fin nous proclamons : ***Saint ! Saint ! Saint...***

## 2e préface des Apôtres

*Les Apôtres, fondements de l'Église et témoins*

Vraiment, il est juste et bon, pour ta gloire et notre salut, de t'offrir notre action de grâce, toujours et en tout lieu, Seigneur, Père très saint, Dieu éternel et tout-puissant, par le Christ, notre Seigneur. Car tu as fondé ton Église sur les Apôtres, pour qu'elle soit à jamais dans le monde le signe de ta sainteté, et qu'elle enseigne à tous les hommes l'Évangile du royaume des Cieux. C'est pourquoi, dès maintenant et pour l'éternité, nous pouvons te chanter avec tous les anges et, d'un cœur fervent, proclamer :

***Saint ! Saint ! Saint...***

## 1re préface des saints martyrs

*Signification et valeur exemplaire du martyre*

Vraiment, il est juste et bon, pour ta gloire et notre salut, de t'offrir notre action de grâce, toujours et en tout lieu, Seigneur, Père très saint, Dieu éternel et tout-puissant. Nous reconnaissons un signe éclatant de ta grâce dans le martyre de saint (de sainte, des saints, des saintes) N. ; en répandant son (leur) propre sang comme le Christ, il a (elle a, ils ont, elles ont) glorifié ton nom. C'est ta puissance qui se déploie dans la faiblesse quand tu donnes à des êtres fragiles de te rendre témoignage par le Christ, notre Seigneur. C'est pourquoi, avec les puissances des cieux, nous pouvons te bénir sur la terre et t'adorer sans fin en proclamant :

***Saint ! Saint ! Saint...***

## 1re préface des saints

*La gloire des saints*

Vraiment, il est juste et bon, pour ta gloire et notre salut, de t'offrir notre action de grâce, toujours et en tout lieu, Seigneur, Père très saint, Dieu

éternel et tout-puissant. Car tu es glorifié dans l'assemblée des saints : lorsque tu couronnes leurs mérites, tu couronnes tes propres dons. Dans leur vie, tu nous procures un modèle, dans la communion avec eux, une famille, et dans leur intercession, un appui ; afin que, soutenus par de si nombreux témoins, nous courions jusqu'au bout l'épreuve qui nous est proposée et recevions avec eux l'impérissable couronne de gloire, par le Christ, notre Seigneur. C'est pourquoi, avec les anges et les archanges, avec la foule immense des saints, nous chantons l'hymne de ta gloire et sans fin nous proclamons :
***Saint ! Saint ! Saint...***

## Préface des saints pasteurs

*La présence des saints pasteurs dans l'Église*

Vraiment, il est juste et bon, pour ta gloire et notre salut, de t'offrir notre action de grâce, toujours et en tout lieu, Seigneur, Père très saint, Dieu éternel et tout-puissant, par le Christ, notre Seigneur. Tu donnes à ton Église de se réjouir en la fête de saint (des saints) N. : par l'exemple qu'il a (qu'ils ont) donné, tu nous encourages, par son (leur) enseignement, tu nous éclaires, à sa (leur) prière, tu veilles sur nous. C'est pourquoi, avec la multitude des anges et des saints, nous chantons l'hymne de ta gloire et sans fin nous proclamons : ***Saint ! Saint ! Saint...***

## Préface des saintes vierges, et des saints religieux ou religieuses

*Signification de la vie consacrée*

Vraiment, il est juste et bon, pour ta gloire et notre salut, de t'offrir notre action de grâce, toujours et en tout lieu, Seigneur, Père très saint, Dieu éternel et tout-puissant. Nous célébrons les prévenances de ton amour pour tant d'hommes et de femmes parvenus à la sainteté en se donnant au Christ à cause du royaume des Cieux. Par ce mystère d'alliance, tu veux que notre condition humaine retrouve sa splendeur première, et que, dès ici-bas, nous ayons un avant-goût des biens que tu nous donneras dans le monde à venir. C'est pourquoi, avec les saints et tous les anges, nous te louons et sans fin nous proclamons :

***Saint ! Saint ! Saint,***
***le Seigneur, Dieu de l'univers !***
***Le ciel et la terre***
***sont remplis de ta gloire.***
***Hosanna au plus haut des cieux.***
***Béni soit celui qui vient***
***au nom du Seigneur.***
***Hosanna au plus haut des cieux.***

*Sanctus, Sanctus, Sanctus*
*Dominus Deus Sabaoth.*
*Pleni sunt cæli et terra gloria tua.*
*Hosanna in excelsis.*
*Benedictus qui venit in nomine*
*Domini. Hosanna in excelsis.*


• *Prière eucharistique* **1**
« Toi, Père très aimant... » ........ *p. 209*
• *Prière eucharistique* **2**
« Toi qui es vraiment saint... » ........ *p. 213*
• *Prière eucharistique* **3**
« Tu es vraiment saint... » ........ *p. 216*
• *Prière eucharistique* **4**
« Père très saint... » ........ *p. 219*

# Prière eucharistique nº 1

*(Préfaces : p. 202)*

Toi, Père très aimant, nous te prions et te supplions par Jésus Christ, ton Fils, notre Seigneur, d'accepter et de bénir ✠ ces dons, ces offrandes, sacrifice pur et saint, que nous te présentons avant tout pour ta sainte Église catholique : accorde-lui la paix et protège-la, daigne la rassembler dans l'unité et la gouverner par toute la terre ; nous les présentons en union avec ton serviteur notre pape N., notre évêque N., et tous ceux qui gardent fidèlement la foi catholique reçue des Apôtres.

Souviens-toi, Seigneur, de tes serviteurs et de tes servantes (de N. et de N.), et de tous ceux qui sont ici réunis, dont tu connais la foi et l'attachement. Nous t'offrons pour eux, ou ils t'offrent pour eux-mêmes et tous les leurs ce sacrifice de louange, pour leur propre rédemption, pour la paix, et le salut qu'ils espèrent ; ils te rendent cet hommage, à toi, Dieu éternel, vivant et vrai.

*(1)* **En semaine :**

• Unis dans une même communion, vénérant d'abord la mémoire de la bienheureuse Marie toujours vierge, Mère de notre Dieu et Seigneur, Jésus Christ, •••

*(2)* **Le dimanche :**

• Unis dans une même communion, nous célébrons le jour où le Christ est ressuscité d'entre les morts ; et vénérant d'abord la mémoire de la bienheureuse Marie toujours vierge, Mère de notre Dieu et Seigneur, Jésus Christ, •••

••• et celle de saint Joseph, son époux, des bienheureux Apôtres et martyrs Pierre et Paul, André, [Jacques et Jean, Thomas, Jacques et Philippe, Barthélemy et Matthieu,

Simon et Jude, Lin, Clet, Clément, Sixte, Corneille et Cyprien, Laurent, Chrysogone, Jean et Paul, Côme et Damien,] et de tous les saints, nous t'en supplions : accorde-nous, par leur prière et leurs mérites, d'être toujours et partout, forts de ton secours et de ta protection. [Par le Christ, notre Seigneur. Amen.]

Voici donc l'offrande que nous présentons devant toi, nous, tes serviteurs, et ta famille entière : Seigneur, dans ta bienveillance, accepte-la. Assure toi-même la paix de notre vie, arrache-nous à la damnation éternelle et veuille nous admettre au nombre de tes élus. [Par le Christ, notre Seigneur. Amen.]

Seigneur Dieu, nous t'en prions, daigne bénir et accueillir cette offrande, accepte-la pleinement, rends-la parfaite et digne de toi : qu'elle devienne pour nous le corps et le sang de ton Fils bien-aimé, Jésus, le Christ, notre Seigneur.

La veille de sa passion, il prit le pain dans ses mains très saintes et, les yeux levés au ciel, vers toi, Dieu, son Père tout-puissant, en te rendant grâce il dit la bénédiction, il rompit le pain, et le donna à ses disciples, en disant :
« **Prenez, et mangez-en tous** : ceci est mon corps livré pour vous. »
De même, après le repas, il prit cette coupe incomparable dans ses mains très saintes ; et, te rendant grâce à nouveau, il dit la bénédiction, et donna la coupe à ses disciples, en disant :
« **Prenez, et buvez-en tous**, car ceci est la coupe de mon sang, le sang de l'Alliance nouvelle et éternelle, qui sera versé pour vous et pour la multitude en rémission des péchés. Vous ferez cela en mémoire de moi. »

## *Prière eucharistique nº 1*

(1) Il est grand, le mystère de la foi :
**— *Nous annonçons ta mort, Seigneur Jésus, nous proclamons ta résurrection, nous attendons ta venue dans la gloire.***

(2) Acclamons le mystère de la foi :
**— *Quand nous mangeons ce pain et buvons à cette coupe, nous annonçons ta mort, Seigneur ressuscité, et nous attendons que tu viennes.***

(3) Qu'il soit loué, le mystère de la foi :
**— *Sauveur du monde, sauve-nous ! Par ta croix et ta résurrection, tu nous as libérés.***
*ou:* Proclamons le mystère de la foi :
**— *Gloire à toi qui étais mort, gloire à toi qui es vivant, notre Sauveur et notre Dieu : viens, Seigneur Jésus !***

*Mysterium fidei.*
(1) – *Mortem tuam annuntiamus, Domine, et tuam resurrectionem confitemur, donec venias.*

(2) – *Quotiescumque manducamus panem hunc et calicem bibimus, mortem tuam annuntiamus, Domine, donec venias.*

(3) – *Salvator mundi, salva nos, qui per crucem et resurrectionem tuam liberasti nos.*

Voilà pourquoi nous, tes serviteurs, et ton peuple saint avec nous, faisant mémoire de la passion bienheureuse de ton Fils, Jésus, le Christ, notre Seigneur, de sa résurrection du séjour des morts et de sa glorieuse ascension dans le ciel, nous te présentons, Dieu de gloire et de majesté, cette offrande prélevée sur les biens que tu nous donnes, le sacrifice pur et saint, le sacrifice parfait, pain de la vie éternelle et coupe du salut. Et comme il t'a plu d'accueillir les présents de ton serviteur Abel le Juste, le sacrifice d'Abraham, notre père dans

# *Prière eucharistique nº 1*

la foi, et celui que t'offrit Melkisédek, ton grand prêtre, oblation sainte et immaculée, regarde ces offrandes avec amour et, dans ta bienveillance, accepte-les. Nous t'en supplions, Dieu tout-puissant : qu'elles soient portées par les mains de ton saint Ange en présence de ta gloire, sur ton autel céleste, afin qu'en recevant ici, par notre communion à l'autel, le corps et le sang très saints de ton Fils, nous soyons comblés de la grâce et de toute bénédiction du ciel. [Par le Christ, notre Seigneur. Amen.]

Souviens-toi aussi, Seigneur, de tes serviteurs et de tes servantes (de N. et N.) qui nous ont précédés, marqués du signe de la foi, et qui dorment dans la paix. Pour eux et pour tous ceux qui reposent dans le Christ, nous implorons ta bonté, Seigneur : qu'ils demeurent dans la joie, la lumière et la paix. [Par le Christ, notre Seigneur. Amen.]

Et nous pécheurs, tes serviteurs, qui mettons notre espérance en ta miséricorde inépuisable, admets-nous dans la communauté des saints Apôtres et martyrs, avec Jean Baptiste, Étienne, Matthias et Barnabé, [Ignace, Alexandre, Marcellin et Pierre, Félicité et Perpétue, Agathe, Lucie, Agnès, Cécile, Anastasie,] et tous les saints ; nous t'en prions, accueille-nous dans leur compagnie, sans nous juger sur le mérite mais en accordant largement ton pardon. Par le Christ, notre Seigneur. Par lui, tu ne cesses de créer tous ces biens, tu les sanctifies, leur donnes la vie, les bénis, et nous en fais le don.

Par lui, avec lui et en lui, à toi, Dieu le Père tout-puissant, dans l'unité du Saint-Esprit, tout honneur et toute gloire, pour les siècles des siècles.
***— Amen.***

*Vient ensuite le rite de la communion, p. 223.*

# Prière eucharistique n° 2

*(On peut aussi choisir une autre préface.)*

Vraiment, Père très saint, il est juste et bon, pour ta gloire et notre salut, de t'offrir notre action de grâce, toujours et en tout lieu, par ton Fils bien-aimé, Jésus, le Christ : il est ta parole par qui tu as créé toutes choses ; c'est lui que tu nous as envoyé comme Rédempteur et Sauveur, Dieu fait homme, conçu de l'Esprit Saint, né de la Vierge Marie. Pour accomplir jusqu'au bout ta volonté et rassembler un peuple saint qui t'appartienne, il étendit les mains à l'heure de sa passion, afin de briser la mort, et de manifester la résurrection. C'est pourquoi, avec les anges et tous les saints, nous chantons ta gloire, et d'une seule voix nous proclamons :

***Saint ! Saint ! Saint, le Seigneur,***
***Dieu de l'univers ! Le ciel et la terre***
***sont remplis de ta gloire.***
***Hosanna au plus haut des cieux.***
***Béni soit celui qui vient***
***au nom du Seigneur.***
***Hosanna au plus haut des cieux.***

*(Voir p. 208 pour la version latine.)*

**(1) En semaine :**

• Toi qui es vraiment saint, toi qui es la source de toute sainteté, Seigneur, nous te prions : •••

**(2) Le dimanche :**

• Toi qui es vraiment saint, toi qui es la source de toute sainteté, Dieu notre Père, nous voici rassemblés devant toi, et, dans la communion de toute l'Église, nous célébrons le jour où le Christ est ressuscité d'entre les morts. Par lui que tu as élevé à ta droite, nous te prions : •••

••• Sanctifie ces offrandes en répandant sur elles ton Esprit ; qu'elles deviennent pour nous le corps et ✢ le sang de Jésus, le Christ, notre Seigneur.

## *Prière eucharistique n° 2*

Au moment d'être livré et d'entrer librement dans sa passion, il prit le pain, il rendit grâce, il le rompit et le donna à ses disciples, en disant : « **Prenez, et mangez-en tous** : ceci est mon corps livré pour vous. »

De même, après le repas, il prit la coupe ; de nouveau il rendit grâce, et la donna à ses disciples, en disant : « **Prenez, et buvez-en tous,** car ceci est la coupe de mon sang, le sang de l'Alliance nouvelle et éternelle, qui sera versé pour vous et pour la multitude en rémission des péchés. Vous ferez cela en mémoire de moi. »

*(1)* Il est grand, le mystère de la foi :
***— Nous annonçons ta mort, Seigneur Jésus, nous proclamons ta résurrection, nous attendons ta venue dans la gloire.***

*(2)* Acclamons le mystère de la foi :
***— Quand nous mangeons ce pain et buvons à cette coupe, nous annonçons ta mort, Seigneur ressuscité, et nous attendons que tu viennes.***

*(3)* Qu'il soit loué, le mystère de la foi :
***— Sauveur du monde, sauve-nous ! Par ta croix et ta résurrection, tu nous as libérés.***

*ou*

Proclamons le mystère de la foi :
***— Gloire à toi qui étais mort, gloire à toi qui es vivant, notre Sauveur et notre Dieu : viens, Seigneur Jésus !***
*(Voir p. 211 pour la version latine.)*

En faisant ainsi mémoire de la mort et de la résurrection de ton Fils, nous t'offrons, Seigneur, le pain de la vie et la coupe du salut, et nous te rendons grâce, car tu nous as estimés dignes de nous tenir devant toi pour te servir. Humblement, nous te demandons qu'en ayant part au corps et au sang du Christ, nous soyons rassemblés par l'Esprit Saint en un seul corps.

Souviens-toi, Seigneur, de ton Église répandue à travers le monde : fais-la grandir dans ta charité en union avec notre pape N., notre évêque N., et tous les évêques, les prêtres et les diacres.

Souviens-toi aussi de nos frères et sœurs qui se sont endormis dans l'espérance de la résurrection, et souviens-toi, dans ta miséricorde, de tous les défunts : accueille-les dans la lumière de ton visage.

Sur nous tous enfin, nous implorons ta bonté : permets qu'avec la Vierge Marie, la bienheureuse Mère de Dieu, avec saint Joseph, son époux, les Apôtres et tous les saints qui ont fait ta joie au long des âges, nous ayons part à la vie éternelle et que nous chantions ta louange et ta gloire, par ton Fils Jésus, le Christ.

Par lui, avec lui et en lui, à toi, Dieu le Père tout-puissant, dans l'unité du Saint-Esprit, tout honneur et toute gloire, pour les siècles des siècles.

**— *Amen.***

*Vient ensuite le rite de la communion, p. 223.*

# *Prière eucharistique n° 3*

*(Préfaces : p. 202)*

Tu es vraiment saint, Dieu de l'univers, et il est juste que toute la création proclame ta louange, car c'est toi qui donnes la vie, c'est toi qui sanctifies toutes choses, par ton Fils, Jésus Christ, notre Seigneur, avec la puissance de l'Esprit Saint ; et tu ne cesses de rassembler ton peuple, afin que, du levant au couchant du soleil, une offrande pure soit présentée à ton nom.

*(1)* **En semaine :**
• C'est pourquoi nous te supplions, Seigneur, de consacrer toi-même les offrandes que nous apportons : •••

*(2)* **Le dimanche :**
• C'est pourquoi nous voici rassemblés devant toi, Dieu notre Père, et, dans la communion de toute l'Église, nous célébrons le jour où le Christ est ressuscité d'entre les morts. Par lui, que tu as élevé à ta droite, nous te supplions de consacrer toi-même les offrandes que nous apportons : •••

••• Sanctifie-les par ton Esprit pour qu'elles deviennent le corps ✠ et le sang de ton Fils, Jésus Christ, notre Seigneur, qui nous a dit de célébrer ce mystère.

La nuit même où il fut livré, il prit le pain, en te rendant grâce il dit la bénédiction, il rompit le pain, et le donna à ses disciples, en disant :
« **Prenez, et mangez-en tous** : ceci est mon corps livré pour vous. »

De même, après le repas, il prit la coupe ; en te rendant grâce il dit la bénédiction, et donna la coupe à ses disciples, en disant :
« **Prenez, et buvez-en tous**, car ceci est la coupe de mon sang, le sang de l'Alliance nouvelle et éternelle, qui sera versé pour vous et pour la mul-

titude en rémission des péchés. Vous ferez cela en mémoire de moi. »

(1) Il est grand, le mystère de la foi :
***— Nous annonçons ta mort, Seigneur Jésus, nous proclamons ta résurrection, nous attendons ta venue dans la gloire.***

(2) Acclamons le mystère de la foi :
***— Quand nous mangeons ce pain et buvons à cette coupe, nous annonçons ta mort, Seigneur ressuscité, et nous attendons que tu viennes.***

(3) Qu'il soit loué, le mystère de la foi :
***— Sauveur du monde, sauve-nous ! Par ta croix et ta résurrection, tu nous as libérés.***

*ou:*

Proclamons le mystère de la foi :
***— Gloire à toi qui étais mort, gloire à toi qui es vivant, notre Sauveur et notre Dieu : viens, Seigneur Jésus !***

*(Voir p. 211 pour la version latine.)*

En faisant ainsi mémoire de ton Fils, de sa passion qui nous sauve, de sa glorieuse résurrection et de son ascension dans le ciel, alors que nous attendons son dernier avènement, nous t'offrons, Seigneur, en action de grâce, ce sacrifice vivant et saint. Regarde, nous t'en prions, l'oblation de ton Église, et daigne y reconnaître ton Fils qui, selon ta volonté, s'est offert en sacrifice pour nous réconcilier avec toi. Quand nous serons nourris de son corps et de son sang, et remplis de l'Esprit Saint, accorde-nous d'être un seul corps et un seul esprit dans le Christ.

Que l'Esprit Saint fasse de nous une éternelle offrande à ta gloire, pour que nous obtenions un jour l'héritage promis, avec tes élus : en premier lieu la bienheureuse Vierge Marie, Mère de Dieu, avec saint Joseph, son époux, les bienheureux Apôtres, les glorieux martyrs, (saint N.) et tous les saints, qui ne cessent d'intercéder auprès de toi et nous assurent de ton secours.

Et maintenant nous te supplions, Seigneur : par le sacrifice qui nous réconcilie avec toi, étends au monde entier le salut et la paix. Affermis ton Église, en pèlerinage sur la terre, dans la foi et la charité, en union avec ton serviteur notre pape N., et notre évêque N., l'ensemble des évêques, les prêtres, les diacres, et tout le peuple que tu as racheté. Écoute, en ta bonté, les prières de ta famille, que tu as voulu rassembler devant toi. Dans ta miséricorde, ramène à toi, Père très aimant, tous tes enfants dispersés.

Pour nos frères et sœurs défunts, et pour tous ceux qui ont quitté ce monde et trouvent grâce devant toi, nous te prions : en ta bienveillance, accueille-les dans ton Royaume, où nous espérons être comblés de ta gloire, tous ensemble et pour l'éternité, par le Christ, notre Seigneur, par qui tu donnes au monde toute grâce et tout bien.

Par lui, avec lui et en lui, à toi, Dieu le Père tout-puissant, dans l'unité du Saint-Esprit, tout honneur et toute gloire, pour les siècles des siècles.

***— Amen.***

*Vient ensuite le rite de la communion, p. 223.*

## Prière eucharistique n° 4

Vraiment, il est bon de te rendre grâce, il est juste et bon de te glorifier, Père très saint, car tu es le seul Dieu, le Dieu vivant et vrai : toi qui es avant tous les siècles, tu demeures éternellement, lumière au-delà de toute lumière. Toi, le Dieu de bonté, la source de la vie, tu as fait le monde pour que toute créature soit comblée de tes bénédictions, et que beaucoup se réjouissent de l'éclat de ta lumière. Ainsi, la foule innombrable des anges qui te servent jour et nuit se tiennent devant toi, et, contemplant la splendeur de ta face, n'interrompent jamais leur louange. Unis à leur hymne d'allégresse, avec la création tout entière qui t'acclame par nos voix, Dieu, nous te chantons (louons) :

***Saint ! Saint ! Saint,***
***le Seigneur,***
***Dieu de l'univers !***
***Le ciel et la terre***
***sont remplis de ta gloire.***
***Hosanna au plus haut des cieux.***
***Béni soit celui qui vient***
***au nom du Seigneur.***
***Hosanna au plus haut des cieux.***

*(Voir p. 208 pour la version latine.)*

Père très saint, nous proclamons que tu es grand et que tu as fait toutes choses avec sagesse et par amour : tu as créé l'homme à ton image et tu lui as confié l'univers, afin qu'en te servant, toi seul, son Créateur, il règne sur la création. Comme il avait perdu ton amitié par sa désobéissance, tu ne l'as pas abandonné au pouvoir de la mort. Dans ta miséricorde, tu es venu en aide à tous les hommes pour qu'ils te cherchent et puissent te trouver. Tu as multiplié les alliances avec eux, et tu les as formés, par les prophètes, dans l'espérance du salut. Tu as tellement aimé le monde, Père très saint, que tu nous as envoyé ton Fils unique, lorsque les temps furent accomplis, pour qu'il soit notre Sauveur. Dieu fait homme, conçu de l'Esprit Saint, né de la Vierge Marie, il a vécu notre condition humaine en toute chose, excepté le péché, annonçant aux pauvres la bonne nouvelle du salut ; aux captifs, la délivrance ; aux affligés, la joie. Pour accomplir le dessein de ton amour, il s'est livré lui-même à la mort, et, par sa résurrection, il a détruit la mort et renouvelé la vie. Afin que désormais notre vie ne soit plus à nous-mêmes, mais à lui qui est mort et ressuscité pour nous, il a envoyé d'auprès de toi, Père, comme premier don fait aux croyants, l'Esprit Saint qui continue son œuvre dans le monde et achève toute sanctification.

Que ce même Esprit Saint, nous t'en prions, Seigneur, sanctifie ces offrandes : qu'elles deviennent ainsi le corps ✠ et le sang de notre Seigneur Jésus, le Christ, dans la célébration de ce grand mystère, que lui-même nous a laissé en signe de l'Alliance éternelle.

Quand l'heure fut venue où tu allais le glorifier, Père très saint, comme il avait aimé les siens qui étaient dans le monde, il les aima jusqu'au bout : pendant le repas qu'il partageait avec eux, il prit le pain, dit la bénédiction, le rompit et le donna à ses disciples, en disant :
« **Prenez, et mangez-en tous** : ceci est mon corps livré pour vous. »

De même, il prit la coupe remplie de vin, il rendit grâce, et la donna à ses disciples, en disant :
« **Prenez, et buvez-en tous**, car ceci est la coupe de mon sang, le sang de l'Alliance nouvelle et éternelle, qui sera versé pour vous et pour la multitude en rémission des péchés. Vous ferez cela en mémoire de moi. »

## Prière eucharistique nº 4

**(1)** Il est grand, le mystère de la foi :
***— Nous annonçons ta mort,***
***Seigneur Jésus,***
***nous proclamons ta résurrection,***
***nous attendons ta venue dans la gloire.***

**(2)** Acclamons le mystère de la foi :
***— Quand nous mangeons ce pain***
***et buvons à cette coupe,***
***nous annonçons ta mort,***
***Seigneur ressuscité,***
***et nous attendons que tu viennes.***

**(3)** Qu'il soit loué, le mystère de la foi :
***— Sauveur du monde, sauve-nous !***
***Par ta croix et ta résurrection,***
***tu nous as libérés.***
*ou :*
Proclamons le mystère de la foi :
***— Gloire à toi qui étais mort,***
***gloire à toi qui es vivant,***
***notre Sauveur et notre Dieu :***
***viens, Seigneur Jésus !***
*(Voir p. 211 pour la version latine.)*

Voilà pourquoi, Seigneur, nous célébrons aujourd'hui le mémorial de notre rédemption : en rappelant la mort du Christ et sa descente au séjour des morts, en proclamant sa résurrection et son ascension à ta droite, en attendant sa venue dans la gloire, nous t'offrons son corps et son sang, le sacrifice qui est digne de toi et qui sauve le monde entier. Regarde, Seigneur, celui qui s'offre dans le sacrifice que toi-même as préparé pour ton Église, et, dans ta bonté, accorde à tous ceux qui vont partager ce pain et boire à cette coupe d'être rassemblés par l'Esprit Saint en un seul corps, pour qu'ils deviennent eux-mêmes dans le Christ une vivante offrande à la louange de ta gloire.

Et maintenant, Seigneur, rappelle-toi tous ceux pour qui nous offrons le sacrifice : en premier lieu, ton serviteur notre pape **N.**, notre évêque **N.**, et l'ensemble des évêques,

## *Prière eucharistique nº 4*

les prêtres et les diacres, les fidèles qui présentent cette offrande, les membres de notre assemblée, le peuple entier qui t'appartient, et tous ceux qui te cherchent avec droiture.

Souviens-toi aussi de ceux qui sont morts dans la paix du Christ, et de tous les défunts dont toi seul connais la foi.

À nous qui sommes tes enfants, accorde, Père très bon, l'héritage de la vie éternelle auprès de la Vierge Marie, la bienheureuse Mère de Dieu, auprès de saint Joseph, son époux, des Apôtres et de tous les saints, dans ton Royaume. Nous pourrons alors, avec la création tout entière, enfin libérée de la corruption du péché et de la mort, te glorifier par le Christ, notre Seigneur, par qui tu donnes au monde toute grâce et tout bien.

Par lui, avec lui et en lui, à toi, Dieu le Père tout-puissant, dans l'unité du Saint-Esprit, tout honneur et toute gloire, pour les siècles des siècles.

***— Amen.***

*Vient ensuite le rite de la communion, p. 223.*

## RITE DE LA COMMUNION

# *Notre Père*

***(1)*** Comme nous l'avons appris du Sauveur, et selon son commandement, nous osons dire :

***(2)*** Unis dans le même Esprit, nous pouvons dire avec confiance la prière que nous avons reçue du Sauveur :

Notre Père qui es aux cieux, que ton nom soit sanctifié,
que ton règne vienne, que ta volonté soit faite sur la terre comme au ciel.
Donne-nous aujourd'hui notre pain de ce jour. Pardonne-nous nos offenses,
comme nous pardonnons aussi à ceux qui nous ont offensés.
Et ne nous laisse pas entrer en tentation, mais délivre-nous du Mal.

***(3)*** *Præceptis salutaribus moniti, et divina institutione formati, audemus dicere : Pater noster, qui es in cælis : sanctificetur nomen tuum ; adveniat regnum tuum ; fiat voluntas tua, sicut in cælo, et in terra. Panem nostrum cotidianum da nobis hodie ; et dimitte nobis debita nostra, sicut et nos dimittimus debitoribus nostris ; et ne nos inducas in tentationem ; sed libera nos a malo.*

Délivre-nous de tout mal, Seigneur, et donne la paix à notre temps : soutenus par ta miséricorde, nous serons libérés de tout péché, à l'abri de toute épreuve, nous qui attendons que se réalise cette bienheureuse espérance : l'avènement de Jésus Christ, notre Sauveur.

***— Car c'est à toi qu'appartiennent le règne,***
***la puissance et la gloire pour les siècles des siècles !***

## Échange de la paix

Seigneur Jésus Christ, tu as dit à tes Apôtres : « Je vous laisse la paix, je vous donne ma paix » ; ne regarde pas nos péchés mais la foi de ton Église ; pour que ta volonté s'accomplisse, donne-lui toujours cette paix, et conduis-la vers l'unité parfaite, toi qui vis et règnes pour les siècles des siècles. ***– Amen.***

Que la paix du Seigneur soit toujours avec vous. ***– Et avec votre esprit.***

Dans la charité du Christ, donnez-vous la paix.

## Fraction du pain

Que le corps et le sang de notre Seigneur Jésus Christ,
réunis dans cette coupe, nourrissent en nous la vie éternelle.

## Agneau de Dieu

Agneau de Dieu, qui enlèves les péchés du monde, prends pitié de nous. *(bis)*
Agneau de Dieu, qui enlèves les péchés du monde, donne-nous la paix.

*Agnus Dei, qui tollis peccata mundi, miserere nobis. (bis)*
*Agnus Dei, qui tollis peccata mundi, dona nobis pacem.*

## Communion

**(1)** *Seigneur Jésus Christ, Fils du Dieu vivant, selon la volonté du Père et avec la puissance du Saint-Esprit, tu as donné, par ta mort, la vie au monde ; que ton corps et ton sang très saints me délivrent de mes péchés et de tout mal ; fais que je demeure fidèle à tes commandements et que jamais je ne sois séparé de toi.*

*(2) Seigneur Jésus Christ, que cette communion à ton corps et à ton sang n'entraîne pour moi ni jugement ni condamnation ; mais que, par ta bonté, elle soutienne mon esprit et mon corps et me donne la guérison.*

Voici l'Agneau de Dieu, voici celui qui enlève les péchés du monde.
Heureux les invités au repas des noces de l'Agneau !
***— Seigneur, je ne suis pas digne de te recevoir ;***
***mais dis seulement une parole, et je serai guéri.***

# *Chant de communion* *ou antienne de la communion.*

# *Prière après la communion* *voir à la date du jour.*

## RITE DE CONCLUSION

Le Seigneur soit avec vous.
***— Et avec votre esprit.***
Que Dieu tout-puissant vous bénisse, le Père, et le Fils, ✠ et le Saint-Esprit.
***— Amen.***

*Puis le diacre, ou le prêtre lui-même, les mains jointes, tourné vers l'assemblée, dit :*
*(1)* Allez, dans la paix du Christ.
*(2)* Allez porter l'Évangile du Seigneur.
*(3)* Allez en paix, glorifiez le Seigneur par votre vie.
*(4)* Allez en paix.
***— Nous rendons grâce à Dieu.***

# Chants pour la célébration

**Les chants en rouge** sont consultables à la page indiquée. **Les chants en noir** sont référencés avec leur cote SECLI.

| | Ouverture | Renvoi | Communion / Action de grâce | Renvoi |
|---|---|---|---|---|
| 7 juil. | Laisserons-nous à notre table | p. 227 | Ce qu'il y a de fou dans le monde | 014-49 |
| | Pour l'amour de cet homme | WP28-47-5 | C'est toi, Seigneur, le pain rompu | D293 |
| | Heureux en Dieu | EDIT 22-07 | Tu fais ta demeure en nous | p. 231 |
| 14 juil. | Si le Père vous appelle | p. 228 | Sortez, soyez saints | p. 232 |
| | Au cœur de ce monde | EA238-1 | Tenons en éveil la mémoire du Seigneur | Y243-1 |
| | Me voici, envoie-moi | Béatitudes | Laudate omnes gentes | Taizé |
| 21 juil. | Tu nous guideras | J15 | Il est l'agneau et le pasteur | ZL22-2 |
| | Jésus, berger de toute humanité | R310-1 | Berger de la paix | D39-72 |
| | Le Seigneur est mon berger | p. 229 | Devenez ce que vous recevez | p. 236 |
| 28 juil. | Dieu nous as tous appelés | p. 230 | Humblement, nous venons à toi | p. 234 |
| | Disciples rassemblés pour ce repas | A64-53 | Partageons le pain du Seigneur | p. 235 |
| | Acclamez le Seigneur ! | p. 231 | Pain rompu pour un monde nouveau | D283 |

**Suggestions pour juillet 2024** proposées par Thibault Van Den Driessche, avec ChantonsenÉglise

## *Laisserons-nous à notre table* *(Ouverture)*

*D577; T.: M. Scouarnec; M.: J. Akepsimas; Studio SM.*

*Refrain :* **Ne laissons pas mourir la terre,**
**ne laissons pas mourir le feu.**
**Tendons nos mains vers la lumière,**
**pour accueillir le don de Dieu,**
**pour accueillir le don de Dieu.**

① **Laisserons-nous à notre table**
**un peu de place à l'étranger ?**
**Trouvera-t-il quand il viendra**
**un peu de pain et d'amitié ?**

② **Laisserons-nous à nos paroles**
**un peu de temps à l'étranger ?**
**Trouvera-t-il quand il viendra**
**un cœur ouvert pour l'écouter ?**

③ **Laisserons-nous à notre fête**
**un pas de danse à l'étranger ?**
**Trouvera-t-il quand il viendra**
**des mains tendues pour l'inviter ?**

④ **Laisserons-nous à nos fontaines**
**un peu d'eau vive à l'étranger ?**
**Trouvera-t-il quand il viendra**
**des hommes libres et assoiffés ?**

⑤ **Laisserons-nous à nos églises**
**un peu d'espace à l'étranger ?**
**Trouvera-t-il quand il viendra**
**des cœurs de pauvres et d'affamés ?**

## *Si le Père vous appelle* (Ouverture)

*O154-1; T. : D. Rimaud/CNPL; M. : J. Berthier; Studio SM.*

*Refrain :* **Tressaillez de joie ! Tressaillez de joie !**
**Car vos noms sont inscrits pour toujours dans les cieux !**
**Tressaillez de joie ! Tressaillez de joie !**
**Car vos noms sont inscrits dans le cœur de Dieu !**

① **Si le Père vous appelle à aimer comme il vous aime,**
**dans le feu de son Esprit, bienheureux êtes-vous !**
**Si le monde vous appelle à lui rendre une espérance,**
**à lui dire son salut, bienheureux êtes-vous !**
**Si l'Église vous appelle à peiner pour le Royaume,**
**aux travaux de la moisson, bienheureux êtes-vous !**

② **Si le Père vous appelle à la tâche des apôtres,**
**en témoins du seul Pasteur, bienheureux êtes-vous !**
**Si le monde vous appelle à l'accueil et au partage**
**pour bâtir son unité, bienheureux êtes-vous !**
**Si l'Église vous appelle à répandre l'Évangile**
**en tout point de l'univers, bienheureux êtes-vous !**

③ **Si le Père vous appelle à quitter toute richesse**
**pour ne suivre que son Fils, bienheureux êtes-vous !**
**Si le monde vous appelle à lutter contre la haine**
**pour la quête de la paix, bienheureux êtes-vous !**
**Si l'Église vous appelle à tenir dans la prière,**
**au service des pécheurs, bienheureux êtes-vous !**

# *Le Seigneur est mon berger* (Ouverture)

*Z22-10; T. et M. : Communauté du Chemin Neuf; Audiovisuel musique évangélisation.*

# *Dieu nous a tous appelés* (Ouverture)

*A14-56-1 / KD14-56-1; T.: CNPL/D. Rimaud; M.: J. Berthier; ADF – Studio SM.*

*Refrain:* **Nous sommes le corps du Christ,
chacun de nous est un membre de ce corps.
Chacun reçoit la grâce de l'Esprit pour le bien du corps entier.** *(bis)*

① **Dieu nous a tous appelés à tenir la même espérance,
pour former un seul corps baptisé dans l'Esprit.
Dieu nous a tous appelés à la même sainteté,
pour former un seul corps baptisé dans l'Esprit.**

② **Dieu nous a tous appelés des ténèbres à sa lumière,
pour former un seul corps baptisé dans l'Esprit.
Dieu nous a tous appelés à l'amour et au pardon,
pour former un seul corps baptisé dans l'Esprit.**

③ **Dieu nous a tous appelés à chanter sa libre louange,
pour former un seul corps baptisé dans l'Esprit.
Dieu nous a tous appelés à l'union avec son Fils,
pour former un seul corps baptisé dans l'Esprit.**

④ **Dieu nous a tous appelés à la paix que donne sa grâce,
pour former un seul corps baptisé dans l'Esprit.
Dieu nous a tous appelés sous la croix de Jésus Christ,
pour former un seul corps baptisé dans l'Esprit.**

## Acclamez le Seigneur ! *(Ouverture)*

*Y69-72 ; T. : d'après le message de saint Jean-Paul II ; M. : J.-B. du Jonchay ; Le Carmel.*

*Refrain :* **Acclamez le Seigneur, vous qui marchez sur ses pas,
c'est lui votre Roi ! Ouvrez tout grand vos cœurs,
portez en lui votre croix, c'est lui votre vie, secret de votre joie !**

① **Jésus, Sauveur de tous les hommes, Jésus, Fils bien-aimé du Père.
C'est lui qui nous a tant aimés. Venez à lui, vous trouverez la paix !**

② **Le Christ veut combler notre cœur, donner la vie en plénitude,
Lui seul pourra nous rassasier. Accueillez-le, recevez son amour !**

## Tu fais ta demeure en nous *(Communion)*

*D56-49 ; T. et M. : Chants de l'Emmanuel (S. Drouineau) ; Éd. de l'Emmanuel.*

*Refrain :* **Tu es là présent, livré pour nous.
Toi le tout-petit, le serviteur.
Toi, le Tout-Puissant, humblement tu t'abaisses.
Tu fais ta demeure en nous, Seigneur.**

① **Le pain que nous mangeons,
le vin que nous buvons,
c'est ton corps et ton sang,
tu nous livres ta vie,
tu nous ouvres ton cœur,
tu fais ta demeure en nous, Seigneur.**

② **Par le don de ta vie,
tu désires aujourd'hui
reposer en nos cœurs,
brûlé de charité,
assoiffé d'être aimé,
tu fais ta demeure en nous, Seigneur.**

## *Sortez, soyez saints* (Envoi)

*T79-52 ; T. et M. : Sœur Agathe Dutrey ; ADF Musique.*

1. à la sour - ce de vie, à son eu - cha - ris - tie.
2. l'en - sei - gne - ment du Christ, sa pa - ro - le de vie.
3. Té - moins de cha - ri - té, res - pi - rez sa bon - té.
4. Fai - tes le bien par - tout là où vous pas - se - rez.

1. Al - lez, œu - vrez, soy - ez ar - ti - sans de paix.
2. Al - lez, par - lez en son nom et vous ver - rez :
3. Al - lez, don - nez sans comp - ter et vous ver - rez :
4. Al - lez, vi - vez en en - fants__ de lu - mière,

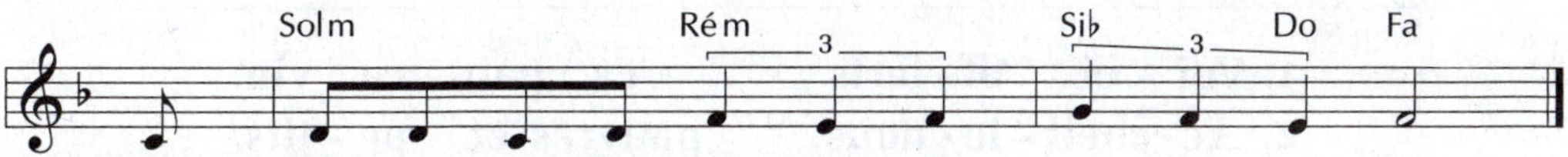


1. Ai - més et par - don - nés, vous ê - tes sanc - ti - fiés.
2. l'Es - prit rap - pel - le - ra ce qu'il a en - sei - gné.
3. l'Es - prit Saint a - gi - ra, vous se - rez for - ti - fiés.
4. re - je - tez les té - nèbres et vous se - rez sau - vés.

## *Humblement, nous venons à toi* (Communion)

*B74-36 ; T. et M. : Communauté de l'Emmanuel (Darren Sheridan) ; Éd. de l'Emmanuel.*

## *Partageons le pain du Seigneur* *(Action de grâce)*

*D39-31; T.: J. Hameline; M.: J. Berthier / Populaire; Bayard.*

*Refrain:* **Partageons le pain du Seigneur à la table de l'univers.**
**C'est le don sans retour de l'amour de notre Dieu.**

① **Venez à moi, vous tous qui succombez sous la fatigue,**
**c'est moi qui porterai le poids de votre peine.**

② **Venez à moi, vous tous qui gémissez sous l'injustice,**
**c'est moi qui suis pour vous la loi libératrice.**

③ **Venez à moi, vous tous qui trébuchez dans les ténèbres,**
**sur vous s'élèvera l'éclat de ma lumière.**

④ **Venez à moi, vous tous dont on méprise l'espérance,**
**je viens pour relever les humbles qui attendent.**

⑤ **Venez à moi, vous tous que pour ma gloire on persécute,**
**c'est vous qui régnerez au jour de ma victoire.**

⑥ **Venez à moi, vous tous que défigure la souffrance,**
**je viens pour effacer vos rides et vos larmes.**

⑦ **Venez à moi, vous tous qui attendez la délivrance,**
**c'est moi qui briserai les liens qui vous enserrent.**

⑧ **Venez à moi, vous tous qui avez faim du don céleste,**
**je viens pour partager le pain de votre vie.**

## *Devenez ce que vous recevez* (Communion)

*D68-39 ; T. : J.-L. Fradon ; M. : B. Ben ; L'Emmanuel.*

*Refrain :* **Devenez ce que vous recevez, devenez le corps du Christ.**
**Devenez ce que vous recevez, vous êtes le corps du Christ.**

① **Baptisés en un seul Esprit,**
**nous ne formons tous qu'un seul corps ;**
**abreuvés de l'unique Esprit,**
**nous n'avons qu'un seul Dieu et Père.**

② **Rassasiés par le pain de vie,**
**nous n'avons qu'un cœur et qu'une âme ;**
**fortifiés par l'amour du Christ,**
**nous pouvons aimer comme il aime.**

③ **Purifiés par le sang du Christ**
**et réconciliés avec Dieu,**
**sanctifiés par la vie du Christ,**
**nous goûtons la joie du Royaume.**

④ **Rassemblés à la même table,**
**nous formons un peuple nouveau :**
**bienheureux sont les invités**
**au festin des noces éternelles.**

⑤ **Appelés par Dieu notre Père**
**à devenir saints comme lui,**
**nous avons revêtu le Christ,**
**nous portons la robe nuptiale.**

⑥ **Envoyés par l'Esprit de Dieu**
**et comblés de dons spirituels,**
**nous marchons dans l'amour du Christ,**
**annonçant la Bonne Nouvelle.**

⑦ **Rendons gloire à Dieu notre Père**
**par Jésus son Fils bien-aimé,**
**dans l'Esprit, notre communion**
**qui fait toutes choses nouvelles.**

# CHANTS POUR L'ORDINAIRE

## *MESSE DE SABLONCEAUX*

### *Kyrie*

*T. et M. : Communauté du Chemin Neuf; Audiovisuel musique évangélisation.*

*1. Seigneur Jésus, Dieu fait homme, Lumière née de la lu - mière,*
*2. Christ de Dieu, Emmanu - el, Soleil le - vant sur notre terre,*
*3. Jésus Sauveur, vie éter - nelle, Lumière jail - lie dans nos té-nèbres,*

*prends pi-tié de nous!* **Ky-ri-e e-le-i-son, Ky-ri-e e-le-i-son.**
*prends pi-tié de nous!* **Chris - te e-le-i-son, Chris - te e-le-i-son.**
*prends pi-tié de nous!* **Ky-ri-e e-le-i-son, Ky-ri-e e-le-i-son.**

# Gloria

*T. AELF; M. : Communauté du Chemin Neuf; Audiovisuel musique évangélisation.*

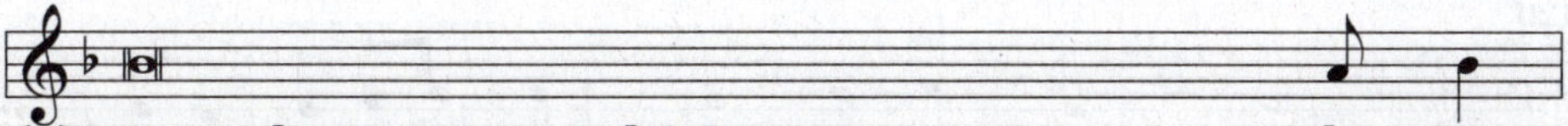

(1) Nous te louons, nous te bénissons, nous t'a - do - rons,
*(2) Seigneur, Fils unique Jé - sus Christ,*
(3) Toi qui es assis à la droite du Père,
*(4) avec le Saint - Es - prit*

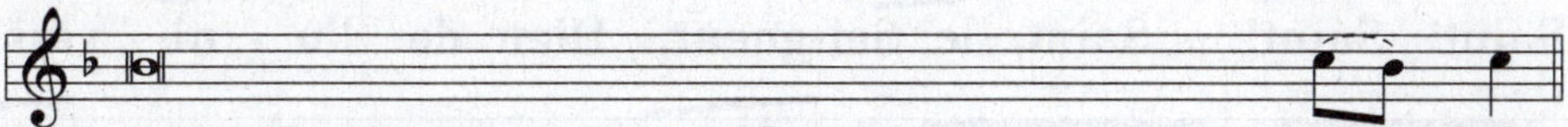

(1) nous te glorifions, nous te rendons grâce pour ton immense gloire.
*(2) Seigneur Dieu, Agneau de Dieu, le Fils du Père.*
(3) prends pi - tié de nous.
*(4) dans la gloire de Dieu le Père. A - men.*

## *Sanctus*

*T. AELF; M. : Communauté du Chemin Neuf; Audiovisuel musique évangélisation.*

# Anamnèse

*T. AELF ; M. : Communauté du Chemin Neuf ; Audiovisuel musique évangélisation.*

# Agnus Dei

*T. AELF ; M. : Communauté du Chemin Neuf ; Audiovisuel musique évangélisation.*

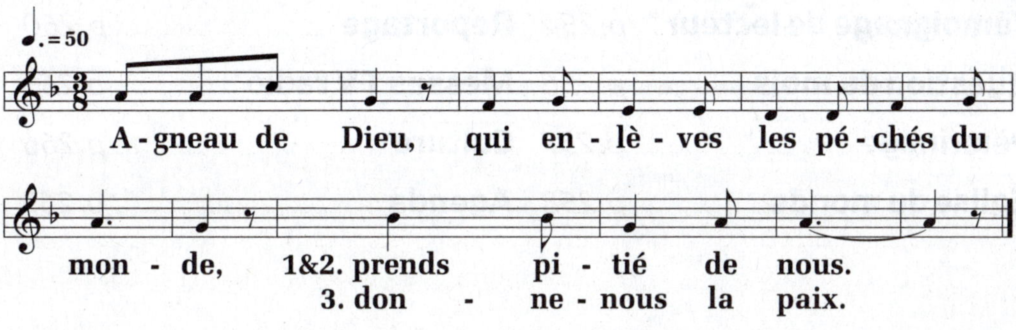

# LES RENDEZ-VOUS DE JUILLET 2024

## SOMMAIRE

# Olympiques !

« *Citius, Altius, Fortius – Communiter* », soit « Plus vite, plus haut, plus fort – ensemble », est la nouvelle devise olympique, adoptée en 2021. Les 33es Jeux à Paris sont les premiers à l'arborer avec l'ajout du mot « ensemble ». Cette devise nous a inspirés pour ce mois-ci.
Benoît Moudio Priso est interne à l'Institut national du sport. Courir « plus vite » est sa passion ! Ni pour l'or des médailles ni pour la gloire des podiums, l'athlète de haut niveau court sur la piste et dans la vie avec Dieu.
« Plus haut » est le regard que Rilyn Lumapay porte sur son expérience d'assistante de vie auprès de personnes handicapées. Tous les liens très concrets tissés à leur service permettent à cette jeune volontaire d'affermir sa foi et son sens des choses essentielles.
Pour sa part, Clothilde Vieira Alves avoue avoir choisi le rugby parce que c'est un sport de combat, à l'image de la vie : « Il faut se battre et trouver la force pour vivre ! » Son expérience de foi est « plus forte » depuis que la rugbywoman invite Dieu à chaque match.
Et « ensemble » ? Justement, nous le sommes chaque mois autour de notre revue ! ■

**Karem Bustica**
*Rédactrice en chef de* Prions en Église

*Les 33es Jeux olympiques de Paris sont les premiers à arborer la nouvelle devise avec l'ajout du mot « ensemble ».*

## CHEMIN D'ÉTOILES

**Jacques Nieuviarts**, prêtre assomptionniste

# Songes de paille !

**Joseph, comme son père Jacob, eut lui aussi des songes qui provoquèrent ses frères. Ceux-ci, furieux, le firent disparaître dans une citerne.**

Durant une nuit, Jacob avait eu un songe : des anges reliant ciel et terre. Il avait reconnu le signe que Dieu était là, alors qu'il ne le savait pas. Son chemin en fut transformé, béni. Son fils Joseph eut, lui aussi, des songes, intolérables pour ses frères, des songes de gerbes de paille, de terre et de ciel. Avec ses frères, ils liaient des gerbes dans les champs, et voici que sa gerbe s'était dressée au milieu de toutes. Et celles de ses frères l'avaient entourée et s'étaient prosternées devant elle (cf. Gn 37, 5-7). Voulait-il donc « régner » sur eux et les « dominer » ? Il leur raconta aussi cet autre songe : « Le soleil, la lune et onze étoiles se prosternaient devant moi. » Son père le réprimanda : « Nous faudra-t-il venir, moi, ta mère et tes frères, nous prosterner jusqu'à terre devant toi ? » (Gn 37, 9-10). Ces songes indisposaient ses frères. Un jour, le voyant arriver aux champs pour leur apporter de la nourriture et prendre de leurs nouvelles pour leur père, ils ne purent réprimer leur rancœur : « Voilà l'expert en songes [...], tuons-le et jetons-le dans une de ces citernes. Nous dirons qu'une bête féroce l'a dévoré, et on verra ce que voulaient dire ses songes ! » (Gn 37, 19-20). Et c'est ce qu'ils firent. Ils le jetèrent dans une citerne en plein désert et annoncèrent à son père qu'une bête féroce l'avait dévoré. Jacob demeura inconsolable de la perte de ce fils, lui, la prunelle de ses yeux.

*« Le soleil, la lune et onze étoiles se prosternaient devant moi » (Gn 37, 9).*

Joseph fut trouvé par des marchands nomades puis vendu en Égypte. Un temps serviteur de Pharaon, il connut aussi la prison, sur une sombre histoire montée de toutes pièces par la femme de Pharaon, à laquelle il avait voulu résister. Mais, dans sa prison, il éclairait lumineusement les songes de tous. Pharaon lui-même le fit consulter quand il eut ce songe : sept vaches grasses au bord du Nil, suivies de sept vaches maigres ! C'était ce qui arriverait bientôt à l'Égypte, expliqua Joseph : des années d'opulence suivies d'années de disette et de pénurie. Impressionné par l'intelligence de Joseph, Pharaon le plaça à la tête de tout le pays, jusqu'au jour où ses frères vinrent lui demander du blé ! Jacob aussi vint en Égypte, où il reçut un accueil royal. Signes et songes sont à garder dans le cœur. Dieu parle avec discrétion. ■

**Anne Lécu**, dominicaine

# La nécromancienne d'Enn-Dor

**Le roi Saül, messie raté, est perdu après la mort du prophète Samuel. Contre ses propres lois, il va voir une nécromancienne pour parler au fantôme du prophète.**

À la fin du premier livre de Samuel, le roi Saül, premier roi messie avant David, ne sait plus où il en est. Saül, oint par Samuel, est un messie raté, à tel point que Dieu envoie Samuel oindre un nouveau roi messie, David, dernier de famille, occupé à garder le troupeau (cf. 1 S 16, 13). Saül ne supporte pas la rivalité de ce jeune David, guerrier plus brillant que lui. À plusieurs reprises, il tente de le tuer. David, quant à lui, aurait pu se venger mais ne l'a jamais fait, et en cela il est resté fidèle au Seigneur. Samuel, le vieux prophète, finit par mourir, non sans avoir expliqué son péché à Saül. Mais, une fois Samuel mort, Saül est perdu sans son mentor. Il décide de prendre contact avec une nécromancienne (alors qu'il avait interdit divination et nécromancie dans son royaume quelque temps auparavant) de façon à demander à nouveau l'avis de Samuel. La situation n'est pas banale, et tranquillement, les Écritures nous emmènent chez une nécromancienne, à Enn-Dor (cf. 1 S 28, 7).

Saül se déguise, entre chez la femme et lui demande d'interroger les morts. Cette dernière est bien consciente que c'est interdit et le fait remarquer à l'homme qui est devant elle. Il la rassure comme il peut et elle lui demande avec qui il veut parler. Saül lui demande : « Fais monter pour moi Samuel » (1 S 28, 11). La femme a du talent puisqu'aussitôt dit aussitôt fait, et voilà que Samuel apparaît devant elle. Mais discuter avec un prophète mort a des ...

© Gaétan Évrard

## *Première Alliance*

*« Daigne écouter, toi aussi, la voix de ta servante : laisse-moi te servir un morceau de pain et mange ! Tu retrouveras des forces et tu pourras aller ton chemin. »* 1 Samuel 28, 22

**...** conséquences : elle comprend tout de suite que l'homme déguisé devant elle est Saül l'ancien roi qui joue avec le feu, et elle n'est guère rassurée. Samuel dérangé de son repos n'est en effet pas très content et passe un savon à Saül : « Et pourquoi m'interroges-tu, alors que le Seigneur s'est écarté de toi et qu'il est devenu ton adversaire ? [...] Puisque tu n'as pas obéi à la voix du Seigneur, [...] eh bien, le Seigneur te traite aujourd'hui de cette manière » (1 S 28, 16.18). Le prophète Samuel en profite pour annoncer à Saül qu'il va mourir le lendemain et, bien sûr, Saül est terrassé.

C'est alors que la femme révèle sa véritable nature. Saül est épuisé, à jeun, perdu plus que jamais. Alors, elle va le nourrir. Prendre soin de lui à ras de terre. Elle va tuer le veau gras et faire cuire des pains sans levain. Cette histoire de fantôme qui remonte de chez les morts est ubuesque, presque onirique. Mais, ensuite, on passe aux choses sérieuses : manger et boire, pour tenir le coup dans la vraie vie. Le plus matériel est bien le plus spirituel. La nécromancienne traite Saül comme une mère réconforte son fils. Le salut, parfois, commence dans l'assiette. ■

*Nouvelle Alliance*

*« Sa mère dit à ceux qui servaient :*
*"Tout ce qu'il vous dira, faites-le." »* Jean 2, 5

**Emmanuelle Billoteau**, ermite

# « Nous le redirons à l'âge qui vient » (Ps 78)

**La liturgie est un magnifique lieu de transmission : non seulement par les pièces liturgiques ou les lectures bibliques qui ont traversé les siècles, mais aussi par les chants qui ponctuent nos célébrations.**

Les chants proposés pour la messe en ses différentes étapes – entrée, procession des offrandes, communion, action de grâces, sortie – actualisent le plus souvent des textes appartenant soit à l'Écriture soit à la grande tradition de l'Église. À titre d'exemple, nous en retiendrons trois : *Écoute la voix du Seigneur ; Ô toi, l'Au-delà de tout ; Devenez ce que vous recevez.* Le premier est proposé comme chant d'entrée. Il invite à cette attitude fondamentale qu'est l'écoute : « Écoute Israël » (Dt 6, 4). Écoute de la Parole, des motions de l'Esprit, des frémissements de la vie plus forte que la mort. Ce chant très biblique est singulièrement proche de la Règle de saint Benoît, laquelle propose un chemin…

… de vie évangélique, mettant l'accent sur certaines thématiques que l'on retrouve précisément dans ce chant d'entrée. Ainsi y est-il question de « prêter l'oreille de son cœur » ; d'une parole adressée à tous – « qui que tu sois » –, à condition de vouloir « la vie » et de désirer « voir des jours heureux » ; d'« ouvrier » qui accomplit la volonté de Dieu » ; de « douceur » et de « paix » ; de la grâce sans laquelle nos efforts sont vains ; de l'audace de ceux qui se savent aimés et attendus ; de la relation filiale avec Dieu. Le chant actualise donc le vieux texte de la Règle pour en retenir le dynamisme profond et l'appel adressé à tous quelles que soient leurs fragilités, leur histoire avec ses réussites et ses bavures. En outre, Didier Rimaud ouvre ce texte, qui soutient un propos de conversion personnel vécu en communauté, sur « le cri « des pauvres », le gémissement « du monde », une réalité à laquelle notre Église du XXI^e^ siècle est tout particulièrement sensible.

*Ô toi, l'Au-delà de tout* (Taizé) est utilisé comme chant d'action de grâces. Il est particulièrement méditatif, contemplatif. Et, par le biais de la répétition, il favorise l'ancrage dans le cœur profond et conduit au silence. Nous y reconnaissons une hymne du même nom écrite par Grégoire de Nazianze qui célèbre Dieu, au-delà de toutes nos représentations. Certes, il s'est révélé Père, Mère, Époux, il n'en reste pas moins celui qu'on ne peut saisir, celui qui nous précède toujours. Il est celui qui non seulement est honoré par les humains mais aussi par tout ce qui vit, dans la ligne de la sensibilité orientale à la solidarité de l'homme et du cosmos, dans le salut comme dans la « chute ». La mention du désir fait écho à deux versets du livre d'Isaïe : « Dire ton nom, faire mémoire de toi, c'est le désir de l'âme. Mon âme, la nuit, te désire, et mon esprit, au fond de moi, te guette dès l'aurore » (Is 26, 8-9). Ainsi, ce chant nous aide à intégrer le courant mystique présent dans la Bible et la tradition, nous invitant à rejoindre la source jaillissante du désir qui nous habite.

*Le chant nous invite à rejoindre la source jaillissante du désir qui nous habite.*

Enfin, le chant de communion *Devenez ce que vous recevez* s'inspire de l'Écriture – de Paul surtout – et d'un sermon de saint Augustin qui souligne la puissance transformatrice du corps et du sang du Christ reçus dans la foi. « Ce que vous voyez sur l'autel de Dieu, c'est du pain et une coupe de vin : c'est cela que vos yeux vous signalent. Mais ce dont votre foi veut être instruite, c'est que ce pain est le corps du Christ, que cette coupe est son sang » (Sermon 272).

Cela étant, il ne s'agit pas seulement de consentir à ce processus de transformation mais aussi de s'y engager concrètement. Chaque strophe est à méditer, à intérioriser, qui nous fait comprendre le lien entre le baptême et la célébration eucharistique, notre appartenance au corps du Christ et notre sanctification personnelle.

Voilà donc la richesse de la liturgie, qui nous incite à creuser pour mieux vivre la relation nous unissant à Dieu et à nos semblables en humanité. ■

## LE ROSAIRE, UN CHAPELET DE QUESTIONS

**François-Dominique Forquin**, prêtre dominicain et aumônier national des Équipes du Rosaire

# Le Rosaire : perles en chaîne, chaîne de perles ?

**Au XVe siècle, le bienheureux Alain de la Roche eut l'intuition de créer les confréries du Rosaire : une chaîne de solidarité et de prière.**

L'année dernière, lors du pèlerinage du Rosaire, une hospitalière, qui venait pour la première fois à Lourdes au service des pèlerins malades, me confia : « C'est fou cette chaîne de petites mains qui s'affairent pour que le pèlerinage fonctionne bien et que les plus fragiles restent au centre : toilettes matinales pour les malades suivies d'un petit-déjeuner servi par les hospitalières, puis des brancardiers prennent le relais et placent les pèlerins dans des tringlots. Des lycéens tirent ces voitures bleues sur l'esplanade le long des chemins ouverts par les commissaires à travers la foule qui s'écarte pour les laisser passer jusqu'aux premiers rangs. Puis c'est la chorale qui entonne le chant d'entrée et les Dominicains sont à la manœuvre pour orchestrer des liturgies soignées. Oui, c'est vraiment extra !
– C'est vraiment ça le Rosaire, lui dis-je : des petites perles toutes indispensables et organisées en chaîne pour que tout se passe bien. Oui, le bienheureux Alain de la Roche serait

fier de nous ! – Le bienheureux qui ? me dit-elle. – Alain de la Roche ! C'est lui qui, en 1470 à Douai, a eu l'intuition géniale d'organiser les priants du Rosaire en confréries. La première de ces confréries s'appelait la Confrérie de la Vierge Marie et de saint Dominique. Contrairement aux confréries de métiers, chacun pouvait y entrer gratuitement et son nom était inscrit dans un registre. Non seulement cette appartenance situait chaque membre dans une vraie chaîne de communion spirituelle, mais aussi dans une grande chaîne de solidarité matérielle. Si un membre était dans le besoin ou traversait l'épreuve de la maladie, il savait qu'il pouvait compter sur l'assistance de confrères. Prier le Rosaire, c'était donc non seulement faire partie d'une grande chaîne de prière, mais aussi d'une grande chaîne de solidarité ! – Tel le Rosaire qui aujourd'hui désigne à la fois l'objet que vous portez à la ceinture et ce beau pèlerinage dans lequel nous nous trouvons et qui manifeste si bien cette chaîne de solidarité dont vous parlez. – Oui, le Rosaire, ce sont tout à la fois des perles en chaîne (et parfois en chêne !) que nous prions et une chaîne de perles, plus rares et chères encore : celles que nous sommes tous et toutes ici à Lourdes ! » Et l'hospitalière de me répondre : « Comment ai-je pu attendre si longtemps pour entrer dans la ronde ? » ■

*Le Rosaire : des petites perles toutes indispensables et organisées en chaîne pour que tout se passe bien.*

TÉMOIGNAGE DE LECTEUR

Propos recueillis par **Frédéric Pascal**, journaliste

# « Le sacerdoce commun des fidèles »

**Gaëtan Després, 60 ans, habite à Chinon, en Indre-et-Loire. Depuis dix ans, ce professeur des écoles écrit des prières universelles à partir de la parole de Dieu lue dans « Prions en Église ».**

« Deux dimanches par mois, j'écris les prières universelles pour la messe dominicale au prieuré Saint-Louans, à Chinon. Le jour même où je reçois *Prions en Église*, je me mets à mon bureau et j'approfondis la parole de Dieu et les différentes rubriques du dimanche : le commentaire, la méditation, le partage biblique, l'Évangile avec les enfants… et les illustrations qui m'aident à leur façon. Je parcours toute la revue pour me rappeler une intention particulière, une semaine missionnaire ou un événement à ne pas oublier. Puis j'écris.

Je ne sais pas si l'écriture est un don, mais ça sort tout seul. Bien sûr, certains dimanches me donnent du fil à retordre. Tant que ce n'est pas abouti, je recommence. J'adapte, je raccourcis mes phrases, j'évite les formules stéréotypées ou trop lourdes. Je cherche le bon rythme, la bonne structure, le bon souffle de l'Esprit,

© Sandrine Martin

ponctué de « Prions », « Supplions », « Demandons »… J'écris cette prière afin qu'elle soit le plus possible universelle pour les besoins de l'Église et du monde, pour les affaires publiques, pour la détresse de ceux qui souffrent et pour notre communauté rassemblée le dimanche. Je lis mon texte à voix haute : ce n'est pas forcément moi qui le ferai à la messe. Car le vrai moment de la prière, c'est à la messe, quand l'intention est lue et priée avec toute la communauté.

Il y a deux mille ans, déjà, saint Paul recommandait à Timothée ces prières de supplication (cf. 1 Tm 2, 1-4), remises au goût du jour par Vatican II comme un moment privilégié où s'exerce le "sacerdoce commun des fidèles". Alors, avec confiance, je prie pour tous ceux qui les portent, par l'écriture ou la lecture : "Mon Dieu, nous te confions humblement ces intentions et aide-nous à transmettre ta Parole auprès de nos frères et sœurs." » ■

QUESTION DU MOIS

# La liturgie est-elle inclusive ?

Notre société change très vite. Nous le percevons bien aux grands débats qui la traversent et qui nous touchent, aux lois qui sont votées, aux grandes commémorations et aux solennités qui émaillent la vie publique. Notre langage s'en trouve insensiblement affecté, modifié, surtout chez les générations plus jeunes. Nous ne disons plus indistinctement « ils » pour un pluriel désignant à la fois « ils » et « elles ». Les phrases sont parfois plus longues, mais l'attention aux personnes accrue. Nous sommes devenus plus sensibles à tous, et cela probablement nous bonifie, passé le premier mouvement de surprise, voire de secrète réticence. Mais il y a plus. Un lecteur, attentif comme tous à la formulation des prières universelles, trouve que les enfants ne sont guère mentionnés, voire exclus. Notre prière doit être très large, les bras et le cœur grands ouverts, même si notre langage parfois peine à suivre. Il est vrai que l'on ne peut à chaque intention mentionner hommes et femmes, jeunes et moins jeunes. Mais les intentions doivent bien permettre de faire place à tous dans leur ensemble, sans oublier de rester grand ouvertes sur le monde, sur l'Église disponible et au service du monde. Comment formuler nos prières pour qu'elles mentionnent tantôt les uns, tantôt les autres… c'est-à-dire tous ? N'est-ce pas cela notre prière ? ■

**Jacques Nieuviarts,**
*prêtre assomptionniste*

### Pèlerinage grands-parents et petits-enfants

# Rome en famille

Depuis plus de dix ans, le pèlerinage « Grands-parents et petits-enfants » de *Prions en Église* conduit chaque année plusieurs centaines de familles à Rome. Le programme allie découvertes de la ville antique, des églises baroques, des grandes basiliques, mais aussi des moments de détente : une présentation immersive de toute l'histoire de Rome, la visite du musée Léonard de Vinci, des jeux… Un pèlerinage idéal pour les enfants de 7 à 14 ans et à vivre en famille. ■

**Sébastien Antoni,**
*prêtre assomptionniste*

Place Navone, Rome (Italie)

© AdobeStock

**PRATIQUE** **Du 22 au 26 octobre 2024.** Une proposition **"Prions en Église"** organisée par Bipel.
**Renseignements et inscriptions :** 01 45 55 47 52 ou bipel.paris@bipel.com

**Rilyn Lumapay**, volontaire DCC* et assistante de vie auprès de personnes handicapées en France

# Le langage de la bonté

« Je suis arrivée en France en 2022 en tant que volontaire international de réciprocité. Au foyer de l'Arche d'Aigrefoin à Saint-Rémy-lès-Chevreuse (78), j'accompagne des personnes ayant un handicap mental. Au début, cela m'a demandé beaucoup d'attention et de patience pour comprendre les besoins et les émotions de chacun. Je n'aurais jamais imaginé nouer des liens aussi profonds, fondés sur l'amour, la capacité à donner et à recevoir. Cette expérience concrète de solidarité et de compassion a affermi ma foi et mon sens des choses essentielles. Auprès des personnes handicapées et des autres accompagnateurs, j'ai aussi trouvé réconfort et fraternité quand j'ai reçu de mauvaises nouvelles de ma famille aux Philippines. Épreuves que j'ai supportées dans des lieux d'Église inattendus : pèlerinage à Alençon (61) puis au Mont-Saint-Michel (50), prière à l'église de ma paroisse ou à la chapelle de la Médaille Miraculeuse (Paris VIIe). Ces expériences m'ont appris l'empathie, l'humilité et le langage universel de la bonté. Je suis heureuse et très reconnaissante de contribuer à une cause bien plus grande que moi et de pouvoir témoigner de la transformation profonde de notre humanité quand nous rendons service aux autres. » ■

*La Délégation catholique pour la coopération (DCC) est le service du volontariat de l'Église en France.

DCC / R. Lumapay

**1. Pèlerinage avec les assistants de vie au Mont-Saint-Michel (50).**
**2. La fête organisée pour l'arrivée de Rilyn au foyer de l'Arche d'Aigrefoin.**

**REPORTAGE**

Propos recueillis par **Sébastien Antoni**, journaliste

# Les athlètes de Dieu !

**Ils sont coureurs de fond, rugbywoman et judoka; ils ont étudié le droit, les maths ou finissent le séminaire; ils sont tous les trois profondément croyants. Rencontre avec trois passionnés de Dieu et de sport !**

D.R.

## « Je suis le référent de l'Église catholique pour les athlètes du village olympique »

**Jason Nioka**, judoka et séminariste

« J'ai été champion d'Île-de-France, vice-champion de France, le judo fait partie de ma vie depuis l'âge de 3 ans ! À 20 ans, alors que j'avais choisi de m'entraîner pendant un an avec l'équipe olympique de Birmingham, au Royaume-Uni, ma rencontre avec un prêtre a changé mes plans. J'ai redécouvert, en envisageant le sacerdoce, une paix intérieure, la même que j'avais vécue quelques années plus tôt lors d'un pèlerinage à Lourdes. Un choix s'ouvrait : le sport de haut niveau ou le séminaire. Sept ans après, je suis diacre pour le diocèse de Meaux (77) et le référent de l'Église catholique pour les athlètes du village olympique pour les Jeux de Paris. Des messes et la bénédiction des athlètes sont prévues à Saint-Ouen-le-Vieux et à la basilique cathédrale de Saint-Denis (93). Pour les spectateurs, c'est à la Madeleine à Paris (VIIIe) que chaque jour une messe sera célébrée pour une nation participante et dans sa langue. Si Dieu le veut, je serai ordonné prêtre le 23 juin. J'aurai ainsi la joie de commencer mon ministère en associant ce qui fait ma vie : Dieu, les autres et le sport ! »

D.R.

## « Je cherche à vivre comme un témoin de l'amour divin, m'inspirant de Carlo Acutis »

**Benoît Moudio Priso,** athlète

J'ai 21 ans et je suis un athlète de haut niveau en athlétisme. Je suis étudiant en mathématiques et interne à l'Institut national du sport, de l'expertise et de la performance (Insep). Depuis ma petite enfance, ma foi m'accompagne dans ma pratique sportive. Même si j'ai été baptisé bébé, ma véritable conversion à Dieu a eu lieu à l'âge de 16 ans. Depuis lors, je cherche à vivre comme un témoin de l'amour divin, m'inspirant notamment du bienheureux Carlo Acutis pour son empathie envers les plus fragiles. Pour moi, la gloire, les médailles ou le prestige ne sont pas l'objectif de ma vie. Je veux plutôt faire connaître que je cours sur la piste et dans la vie avec mon Dieu. C'est grâce à lui que je dépasse mes limites, que je vis mes succès et mes échecs. Avant chaque course, je prie, et j'invite toujours mes coéquipiers du relais 4 x 400 m à se joindre à moi dans la prière. Il y a beaucoup de sportifs très croyants, vous savez ! Mon objectif est de me qualifier pour les Jeux de Paris en relais, cet été. Le verdict tombera fin juin, lors des Championnats de France Élite.

D.R.

## « Je joue pour toi et avec toi, mon Dieu »

**Clothilde Vieira Alves**, rugbywoman

C'est parce que c'est un sport de combat que j'ai choisi, à 19 ans, de pratiquer le rugby ! Ce sport est à l'image de la vie : il faut se battre et trouver la force pour vivre ! Cette lutte, je ne l'ai jamais eue contre Dieu. Je n'ai pas eu spécialement de période de doute, en revanche j'ai bataillé pour trouver le temps d'aller à la messe. Les matchs, souvent le dimanche, rendent la présence à la paroisse difficile. J'ai vécu un réel combat pour savoir quelle serait ma priorité. Avec mon équipe, nous sommes passées en Élite 2. La pression n'a cessé de croître. Que faire ? Pratiquer ma foi ou faire carrière ? Mon impression de décevoir Dieu en investissant tellement dans le sport m'a troublée. Jusqu'au jour où, en arrivant sur le stade lors d'un match contre Rouen, je me suis sentie libérée de ce poids au moment où j'ai dit : « Je joue pour toi et avec toi, mon Dieu. » J'ai compris que, si la messe est essentielle, elle n'est pas le seul lien que je pouvais entretenir avec le Seigneur. Le rugby et la foi sont une aventure avec mes équipières et avec Dieu. ■

## Holy Games

L'Église propose un programme pour accompagner spirituellement le monde du sport, notamment les Jeux olympiques de Paris : Holy Games. Au programme : accueil, rencontres et célébrations. **holygames.fr**

# L'agenda 2024-2025

**Prions en Église**

QUO VADIS
DEPUIS 1954

**12€**

## Pour placer l'Évangile au cœur de vos journées

***Prions en Église*** **vous propose un agenda utile à votre vie de prière et vos responsabilités dans la vie de tous les jours. Vous y trouverez :**

- une double page par semaine ;
- une citation de l'Évangile chaque jour ;
- les saints de la liturgie ;
- toutes les fêtes à souhaiter.

**Inclus** : des cartes, un planning annuel, les fêtes religieuses et le calendrier liturgique de l'année.

**De septembre 2024 à septembre 2025**
**Format 10,5 x 15,5 cm**

**BON DE COMMANDE AU DOS →**

ORIGINE FRANCE GARANTIE

PEFC

IMPRIM'VERT

Visuel non contractuel • Design graphique Sébastien Bocquillon

Informations communiquées sous réserve de modifications. Renseignez-vous avant de vous rendre aux endroits indiqués.

## LE JOUR DU SEIGNEUR – FRANCE 2 (11 heures)

**7/7** Messe à ciel ouvert, Montbazillac (24).
Prédicateur : P. Jean-Marie Petitclerc, salésien de Don Bosco.

**14/7** Messe à ciel ouvert, camp de gendarmerie de Satory, Versailles (78).
Prédicateur : Mgr Antoine de Romanet.
*Horaire inconnu au moment de l'impression.*

**21/7** Messe à ciel ouvert, parvis de l'église Notre-Dame de Toute-Grâce, Passy (74). Prédicateur : P. Yves Combeau, dominicain.

**28/7** Messe spéciale Jeux olympiques de Paris, chapelle de la Fondation Eugène-Napoléon, Paris (XIIe).
Prédicateur : Mgr Emmanuel Gobilliard.

## FRANCE CULTURE (10 h 05)

**7/7** Cathédrale Saint-Pierre, Montpellier (34).
Prédicateur : P. Michel Plagniol.

**14/7** Cathédrale Notre-Dame des Doms, Avignon (84).
Prédicateur : Mgr François Fonlupt.

**21/7** Cathédrale Saint-Louis, La Rochelle (17).
Prédicateur : P. Louis Chasseriau.

**28/7** Chapelle Notre-Dame de la Médaille miraculeuse, Paris (VIIe).
Prédicateur : P. Gautier Mornas.

## LIVRES

### Une brève histoire de la messe dans le rite romain

*Uwe Michael Lang,*
*Desclée de Brouwer, 189 p.*

Prêtre de l'Oratoire à Londres, Uwe Michael Lang retrace l'évolution, des origines jusqu'à nos jours, de la messe romaine (du mot *missa*, apparenté à *mittere*, « envoyer »), le rite majoritaire dans l'Église catholique. Dédiée à la mémoire de Benoît XVI, cette synthèse permet de renouveler la participation de tous, prêtres et aussi laïcs, à l'eucharistie. Pour revisiter les repères liturgiques.

### Puisque vous avez décidé de vous aimer…

*François Potez, Mame, 235 p.*

Curé parisien, le père Potez engage un long dialogue avec de futurs mariés avec cette lettre à Jules et Julie. Il propose une éducation à l'amour dans le mariage comme don de soi, évoquant toutes les étapes possibles ainsi que les obstacles, parfois rencontrés sur le chemin de celles et ceux qui ont décidé de s'aimer. Ces conseils pour les premières années sont autant de repères pour d'utiles conversations inspirées de la doctrine de l'Église et de l'expérience partagée.

### Invitation à la spiritualité
Un pas de plus

*Alexandra Puppinck Bortoli, Cerf, 159 p.*

Philosophe de formation, l'autrice propose d'explorer et d'enrichir le besoin de spiritualité, cette part intime et mystérieuse de chacun. À partir d'expériences sensibles qu'offrent la poésie, la beauté, l'art, le sacré, la religion, la vie, des chemins s'ouvrent à la réflexion et la pratique. L'objectif d'aider chacun à faire un pas de plus dans cette voie, d'ouvrir des espaces, est parfaitement atteint. ■ **Robert Migliorini**

## EXPOSITION

*Saint Jacques le Majeur* (1653), classé monument historique, chapelle Notre-Dame de la Consolation, Aix-en-Provence (13).

### Jean Daret, peintre du roi en Provence

Peu connu du grand public, le peintre baroque provençal Jean Daret (1614-1668) est mis à l'honneur au musée Granet, à Aix-en-Provence (13), à travers une centaine de tableaux, dessins, gravures… Maître du clair-obscur, ce natif des Flandres s'installe à Aix au retour de son voyage en Italie en 1636, où il crée des œuvres d'art au trait délicat pour des édifices religieux et des hôtels particuliers. Un parcours hors les murs permet également de visiter les œuvres du peintre dans des églises de trois départements de Provence. ■

**Hélène Roquejoffre,** *Le Monde de la Bible*

Jusqu'au 29 septembre 2024 – Musée Granet, place Saint-Jean-de-Malte, 13100 Aix-en-Provence – www.museegranet-aixenprovence.fr

## NOS ACTUS

### Agenda 2025

Faire de chaque journée une occasion de prière ? C'est ce que vous propose l'équipe de rédaction de *Prions en Église.* Comme chaque année, elle s'associe avec Quo Vadis pour concevoir cet agenda qui fera le lien entre vos rendez-vous et l'Évangile… À retrouver également : les intentions de prière du pape François, le calendrier liturgique, les références des lectures de la messe, les saints à fêter… ■

**Amandine Boivin**

Disponible sur : librairie-bayard.com/agendaprions2025 ainsi qu'en librairie dès le 10 juillet.

## CD

### Jean-Claude Gianadda

Aimer et se savoir aimé

*ADF Musique*

Après 50 ans de « vie en chansons », Jean-Claude Gianadda a choisi de retrouver ses compagnons des premiers jours pour réaliser cet enregistrement : Mannick, Jo Akepsimas et Gaëtan de Courrèges. Quatorze chants déjà connus de Jean-Claude Gianadda ainsi que trois inédits.

### Buxtehude

Salvator Mundi

*Ricercar Consort, Philippe Pierlot, Mirare*

Le Ricercar Consort interprète ici des œuvres de Buxtehude, l'un des grands prédécesseurs de Bach. Les différentes cantates évoquent le mystère du Christ sauveur. Une musique écrite pour nous donner un avant-goût de l'harmonie et de la perfection célestes. ■

**Dominique Pierre**

## NUMÉRIQUE

### Esprit Saint dans un corps sain

À l'occasion des Jeux de Paris, nous réinterprétons le dicton « esprit sain dans un corps sain », dans un parcours en deux parties. À partir du 15 juillet, découvrez les dons de l'Esprit Saint à travers différentes disciplines sportives. Original, ludique et spirituel, ce parcours musclera à la fois votre corps et votre âme. La deuxième partie sur le fruit de l'Esprit, à partir du 20 août. Sur l'application *Prions en Église*. ■

**Sébastien Antoni**

Sur Google Play et Appstore

# AGENDA

Informations communiquées sous réserve de modifications.

## Grand Nord-Ouest

### LUÇON (85)

**DU VENDREDI 5 AU DIMANCHE 7**

**Pèlerinage**

En lien avec le pèlerinage national à Cotignac, le diocèse de Luçon organise une marche pour les époux et pères de famille de La Flocellière (85) au sanctuaire de Loublande (79).

02 51 44 15 56 - 06 11 04 49 05
brunochanal85@gmail.com
egliseenvendee.fr

### COURSET (62)

**DU LUNDI 8 AU VENDREDI 12**

**Session**

« La prière du Notre Père. » Approfondir son sens, la méditer, transmettre son actualité. Session proposée par l'association Mess'Aje au Foyer de charité.

06 43 46 57 80
messaje-international.com

### ÉPERNON (28)

**DU DIMANCHE 14 AU SAMEDI 20**

**Retraite prêchée**

Découverte de l'actualité du Sacré-Cœur avec l'appui des *Exercices spirituels,* par le père Xavier Jahan, jésuite, au prieuré Saint-Thomas.

02 37 83 60 01
reservation@prieure-saint-thomas.fr

## Grand Nord-Est

### PARAY-LE-MONIAL (71)

**DU VENDREDI 5 AU DIMANCHE 7**

**Festival**

3e édition du Jesus Festival pour trois jours de fête, avec concerts de musiques chrétiennes, louanges et animations.

jesusfestival.fr

### HOHROD (68)

**DU SAMEDI 6 AU LUNDI 15**

**Retraite spirituelle**

Retraite en silence à l'école de saint Ignace, accompagnement personnel, temps de prière personnels et communs.

06 18 66 68 66
accueil@centreportehaute.org
www.centreportehaute.org

### TOURNUS (71)

**DIMANCHES 7, 14, 21 ET 28**

**Rencontres de l'été**

Pour faire vivre la paroisse Saint-Philibert l'été, …

... plusieurs conférences sont proposées dans les églises du Tournugeois à 18 heures (Vers, Royer, Plottes...) et à l'abbaye de Tournus à 20 h 45 par le père Bernard Binon sur différents thèmes : les premiers martyrs, les premières apologies, saint Irénée de Lyon, les débuts de la vie monastique.
03 85 51 03 76
paroisse.st.philibert@orange.fr
paroisse-saint-philibert-tournus.fr

### VENTRON (88)

**DIMANCHE 28**

**Rassemblement diocésain**

À l'ermitage de Joseph de Ventron dans le cadre de l'année jubilaire du tricentenaire de la naissance du frère Joseph de Ventron. Messe solennelle à 10 h 30, repas et vêpres.
03 29 24 11 69
secretariat.paroissial@orange.fr
frerejoseph.org

## Grand Sud-Ouest

### VAYLATS (46)

**DU LUNDI 1ER AU MERCREDI 31**

**Retraite ignatienne**

Retraite en silence de 3, 5, 8, 10 ou 30 jours selon les *Exercices Spirituels*. Accompagnement individuel au quotidien.
05 62 71 65 30
secretariat@coteaux-pais.net
www.coteaux-pais.net

### PERPIGNAN (66)

**JUILLET ET AOÛT**

**Patrimoine**

À l'occasion des 700 ans de la cathédrale Saint-Jean-Baptiste, des visites guidées « Une nuit à la cathédrale » sont proposées en juillet et août par l'Office de tourisme de Perpignan.
04 68 51 33 72
cathedraleperpignan.fr

## Grand Sud-Est

### MEYLAN (38)

**DU JEUDI 4 AU SAMEDI 6**

**Université d'été**

Le Centre théologique de Meylan tient son université d'été sur le thème : « Quelles gouvernances pour vivre en communion ecclésiale ? » Trois jours de débats, conférences, partages et rencontres.
04 76 41 62 83
alejandro.perez@ctm-grenoble.org
www.ctm-grenoble.org

COTIGNAC (83)

**DU VENDREDI 5 AU DIMANCHE 7**

**Pèlerinage**

Le pèlerinage des hommes, époux et pères de famille vers Notre-Dame de Grâce a pour thème « Ma grâce te suffit » (2 Co 12, 9).
orgacotignac@gmail.com
pelerinagedesperescotignac.com

VENASQUE (84)

**DU VENDREDI 12 AU MARDI 16**

**Festival marial**

1re édition de ce festival marial dédié aux jeunes à l'Institut Notre-Dame de Vie. Quatre jours avec des activités à la carte, des temps de prières et d'échanges.
06 78 91 96 30
festivalmarialndv@gmail.com
jeunes.notredamedevie.org •••

ZOOM

**Les rencontres Foi et culture au Festival d'Avignon**

Organisées par le diocèse et animées par les Dominicains, les rencontres Foi et Culture proposent plusieurs temps d'échange avec des artistes du Festival d'Avignon. Animateurs de ces rencontres avec trois autres de ses frères, le dominicain Thierry Hubert confie : « Ce moment de rencontre et de découverte de la création proposée pendant le festival est un petit pas de côté. » Ici, « la parole a un autre poids dans ce qui est partagé » explique-t-il. « Ces rencontres donnent à voir une Église qui s'assoit et qui écoute. On y découvre des paroles qui ouvrent à l'inattendu et à de la joie, même à de la vérité. » Cette année, trois chorégraphes viennent parler de leur « ressort intérieur », de leurs œuvres et de ce qui les anime : Angelica Liddell avec *Dämon – El funeral de Bergman*, ouverture du festival à la cour d'honneur, Boris Charmatz avec *Liberté Cathédrale,* ainsi que Noé Soulier avec *Close Up.* Rendez-vous les 2, 9 et 16 juillet de midi à 13 heures à la chapelle des Italiens, à Avignon (84). ■ **Marthe Lesparre**

… LÉONCEL (26)

**DU DIMANCHE 14 AU SAMEDI 20**

**Session**

« Le corps, chemin vers Dieu, des sens au sens : "Goûtez et voyez" (Ps 33) ». Avec Emmanuelle Billoteau et Robert Combe. Que nous disent l'Écriture et la tradition spirituelle sur notre rapport à la nourriture et à la création ? Des ateliers cuisine animés par Robert Combe, cuisinier et traiteur, viendront enrichir cette approche.

sthugues.leoncel@gmail.com
abbaye-leoncel-vercors.com

## Île-de-France

CLAMART (92)

**DU LUNDI 22 AU MERCREDI 31**

**Retraite biblique**

« Qu'est-ce que l'homme pour que tu penses à lui ? » Parcours d'anthropologie biblique animé par le père Pierre Clermidy, pédagogie active, balade en forêt, entretien individuel possible avec l'accompagnateur. Au centre Manrèse.

01 45 29 98 60
accueil@manrese.com
www.manrese.com

## Monde

TURIN (ITALIE)

**DU LUNDI 15 AU SAMEDI 20**

**Rassemblement**

XIIIe Rassemblement international des Équipes Notre-Dame, où près de 10 000 équipiers sont attendus. Les rencontres s'articulent autour du thème de l'eucharistie et du passage biblique des disciples d'Emmaüs « Allons avec un cœur brûlant » (Lc 24, 15-35).

01 43 36 08 20
turin2024@equipes-notre-dame.fr
torino2024.equipes-notre-dame.com

**ENVOYEZ VOS RENDEZ-VOUS À L'AGENDA DE PRIONS EN ÉGLISE :** Merci d'envoyer les informations nécessaires 3 mois avant l'événement, sans engagement de publication par la rédaction, à : *Prions en Église*, Agenda, 18 rue Barbès, 92120 Montrouge, ou par e-mail : *prionseneglise@groupebayard.com*

**PrionsenÉglise** 18, rue Barbès,
www.prionseneglise.fr 92128 Montrouge Cedex.

▶ **POUR CONTACTER LE SERVICE CLIENT : 01 74 31 15 01** – service.client@groupebayard.com
(Préciser : nom + adresse postale + « concerne Prions en Église ».)

▶ **POUR VOUS ABONNER : 01 74 31 15 01** – www.librairie-bayard.com
Bayard, Prions en Église, TSA 60007, 59714 Lille Cedex 9

▶ **POUR CONTACTER LA RÉDACTION :** prionseneglise@groupebayard.com

Directeur de la publication : Pascal Ruffenach. Directeur du secteur et directeur des rédactions : Jean-Pierre Denis. Rédaction : Karem Bustica (rédactrice en chef), Dominique Pierre (rédacteur en chef délégué), Pomme Mignon (rédactrice en chef adjointe visuel, directrice artistique), Frédéric Pascal (rédacteur en chef adjoint), Armelle Gabriel (assistante), Nicolas Crouzier (secrétaire général de la rédaction), Jean-Baptiste Deau, Cécile Toussaint (1ers secrétaires de rédaction), Laurent Sangpo, Pascal Redoutey (rédacteurs graphistes), Ania Biszewska (rédactrice photo), Sébastien Antoni (chef de grande rubrique), Anne-Quitterie Jozeau (rédactrice). A participé : Thibault Van Den Driessche. Marketing éditeur et développement : Amandine Boivin. Marketing diffusion et abonnement : Aurore Bertrand (directrice), Sandrine Dos Santos (chef de marché). Directeur des terrains catholiques : Cédric Bloquet. Voyages lecteurs : Corinne Miguel. Contrôle de gestion : Tonnumy Ai. Fabrication : Grégory Cervantes. Impression : Maury SAS, Z.I. Route d'Étampes, 45330 Malesherbes. Textes liturgiques : © AELF. Chants : © Éditeurs. © Bayard et Novalis. Reproduction interdite sans autorisation. *Prions en Église* est édité par Bayard, société anonyme à Directoire et Conseil de Surveillance au capital de 16 500 000 €. Actionnaires : Augustins de l'Assomption (93,7 % du capital), SA Saint-Loup, Association Notre-Dame de Salut. Directoire : Pascal Ruffenach (président), Dominique Greiner, Florence Guémy et Jean-Marie Montel (directeurs généraux). Président du Conseil de Surveillance : Hubert Chicou. Dépot légal à parution. CPPAP : 0425K86471 - ISSN : 0383-8285. Belgique et Luxembourg : Bayard Presse Bénélux, Da Vincilaan, 1 – 1930 Zaventem. Tél. : 0800 250 38 (de Belgique, gratuit) ou 800 29 195 (du Luxembourg). Web marché chrétien : librairie-bayard.com. Suisse : Asendia Press Edigroup SA. Chemin du Château-Bloch 10, 1219 Le Lignon. Tél. : 00 41 22 860 84 02. Mail : abobayard@edigroup.ch

***Ce numéro comporte :***
***Sur la totalité de la diffusion : encart posé "Bayard" offre d'abonnement ; encart jeté "Prions en Église" autopromo. Sur une partie de la diffusion : encart posé "Bayard presse" offre d'abonnement ; relance posée "Prions en Église" offre d'abonnement.***

PEFC
10-31-1282
Certifié PEFC
Ce produit est issu de forêts gérées durablement et de sources contrôlées.
pefc-france.org

IMPRIM'VERT
Votre imprimeur agit pour l'environnement

***Prions en Église* agit pour l'environnement**
Origine du papier : Suède. Taux de fibres recyclées : 0 %. Origine des fibres : papier issu de forêts gérées durablement.
Impact sur l'eau : PTOT 0,005 kg/T

FR